Monika Wegler

Zwergkaninchen

Fotos: Monika Wegler
Zeichnungen: Renate Holzner

ZWERGKANINCHEN

- Runde »Knopfaugen« und plüschiges Fell

- Ein »Leichtgewicht« von 1 bis 2 kg.

- Kurze Öhrchen und kurze Beinchen.

- Knabbert gern, kann blitzschnell laufen und macht »Männchen«.

- Springt sehr hoch und schlägt Haken in der Luft.

- Scharrt und gräbt mit Leidenschaft »Tunnel« im Freigehege.

- Kann gut riechen und hören.

- Wird zahm und genießt das Streicheln.

- Mit 12 Wochen geschlechtsreif und später sehr vermehrungsfreudig.

Die Urahnen des Zwergkaninchens sind Wildkaninchen. Als man begann, Kaninchen in Ställen zu halten, entwickelten sich durch die züchterischen Eingriffe des Menschen im Laufe der Zeit verschiedene Kaninchenrassen. So entstand auch das Zwergkaninchen. Durch sein possierliches Aussehen spricht es besonders Kinder sehr an. Doch obwohl das Zwergkaninchen aussieht wie ein lebendig gewordenes Plüschtier, trägt es das Erbe seiner wilden Vorfahren in sich.

Es wird zwar zahm und läßt sich gern streicheln, doch man kann mit ihm nicht so spielen wie zum Beispiel mit einem Hund oder einer Katze.

Ein Zwergkaninchen will nicht den ganzen Tag auf dem Arm herumgetragen werden. Es braucht viel Auslauf, möchte ungestört fressen, putzt sich gern ausgiebig sein Fell und benötigt Zeit zum Ausruhen und Schlafen.

ENTSCHEIDUNGSHILFEN

1 Kaninchen können 8 Jahre oder älter werden. Solange müssen Sie für das Tier sorgen.

2 Ein Kaninchen wird nicht immer stubenrein. Haben Sie dafür Verständnis?

3 Das Zwergkaninchen braucht einen geräumigen Zimmerkäfig und entsprechendes Inventar. Die Kosten hierfür sind hoch.

4 Fütterung und Pflege beanspruchen täglich mindestens eine Stunde.

5 Im Sommer ist der Auslauf in einem Freigehege im Garten oder auf dem Balkon das Gesündeste für ein Zwergkaninchen.

6 Wer sein Kaninchen nicht mit in den Urlaub nehmen kann, muß rechtzeitig für einen zuverlässigen Pfleger sorgen.

7 Ein krankes Kaninchen muß vom Tierarzt behandelt werden. Das kann teuer werden.

8 Wenn das Kaninchen ein Kinderwunsch war, müssen Sie Ihr Kind zum richtigen Umgang mit dem Tier anleiten.

9 Haben Sie schon Heimtiere, die sich womöglich nicht mit Ihrem Kaninchen vertragen (→ Seite 21)?

10 Ist niemand in der Familie allergisch gegen Tierhaare (→ Wichtige Hinweise, Seite 63)?

Braucht ein Zwergkaninchen Gesellschaft?

Wie ihre wilden Vorfahren die Wildkaninchen, sind auch Zwergkaninchen sehr gesellig und lieben das Zusammensein mit Artgenossen. In der Gruppe kuscheln sie dicht beieinander, putzen sich gegenseitig und beschäftigen sich miteinander. Ein einzeln gehaltenes Zwergkaninchen kann sich deshalb nur wohlfühlen, wenn Sie ihm genügend Abwechslung vom tristen Käfigdasein und Anregungen zum Beschäftigen bieten. Den Artgenossen können Sie ihm jedoch nicht ersetzen.

✔ Zwei oder mehr Häsinnen vertragen sich am besten miteinander, vor allem, wenn sie aus einem Wurf stammen und bereits als Jungtiere aneinander gewöhnt werden (→ Seite 19). Bei erwachsenen, einander fremden Häsinnen kann es zu heftigen Revier- und Rangordnungskämpfen kommen. Solche Tiere muß man trennen.

✔ Ein Pärchen kommt ebenfalls gut miteinander aus. Lassen Sie in diesem Fall das männliche Kaninchen, den Rammler, rechtzeitig vom Tierarzt kastrieren. So bleibt unerwünschter Kaninchennachwuchs aus (→ Seite 10).

✔ Zwei Rammler leben nur bis zur Geschlechtsreife friedlich miteinander. Danach tragen sie heftige Rangordungskämpfe aus. Die Kastration schafft jedoch meist Abhilfe.

ANSCHAFFUNG UND EINGEWÖHNUNG

Wenn man so ein niedliches Fellknäuel von Zwergkaninchen in den Händen hält, möchte man dieses zarte kleine Wesen am liebsten immerzu streicheln. Hat sich der Zwerg an Sie gewöhnt, kommt er sogar herbeigehoppelt, um sich seine Streicheinheiten abzuholen.

Wie aus dem Wildkaninchen das Hauskaninchen wurde

Die »Entdeckung« des Wildkaninchens geschah vor etwa 3000 Jahren. Damals erkundeten phönizische Seefahrer Spanien und lernten die dort heimischen Wildkaninchen als wohlschmeckende Abwechslung im Speiseplan zu schätzen. Diese Wildkaninchen sind die Vorfahren unserer Hauskaninchen.

Zahm und zutraulich wurden die Kaninchen jedoch erst, als der Mensch anfing, sie in Ställen zu halten. Die ehemals kleinen scheuen Wildkaninchen veränderten sich unter dem Einfluß der Menschen und durch Zuchtauswahl immer mehr. Sie wurden größer und schwerer, die schützende graubraune Wildfarbe des Fells änderte sich im Laufe der Zeit, ebenso ihr Wesen und manches in ihrer Anatomie.

Kaninchen mit bestimmten Eigenschaften, z. B. mit von Natur aus längerem Fell, setzte man als Zuchttiere ein, und so entstanden nach und nach die verschiedenen Kaninchen-Rassen.

Dieser hübsche Thüringer Rassezwerg ist sechs Wochen alt. Im frischen Gras fühlt er sich so richtig wohl.

Was ist ein Zwergkaninchen?

Ein reinrassiges, dem festgelegten Standard entsprechenden Zwergkaninchen zeichnet sich durch folgende Merkmale aus (→ Seite 12):

✔ Sein Körper ist gedrungen und walzenförmig.

✔ Der Kopf ist im Verhältnis zum Körper groß, mit breiter Stirn und ausgeprägten Backen. Es hat einen sogenannten »Bollerkopf«.

✔ Die Augen sind groß und hervortretend. Es hat markante Jochbögen.

✔ Die Ohren sollten bei einem erwachsenen Tier etwa 4,5 bis 5,5 cm lang sein.

✔ Der Hals ist kaum erkennbar. Der Kopf sitzt dicht am Körper.

✔ Ein erwachsenens Zwergkaninchen wiegt zwischen 0,7 und 1,5 kg.

✔ Sein Fell entspricht den Standardfarben und -zeichnungen (→ Seite 14/15).

Wie Sie einen reinrassigen »Zwerg« bekommen

Ein reinrassiges Zwergkaninchen können Sie im Zoofachhandel erwerben oder bei einem Züchter, den Sie über den örtlichen Kaninchenzuchtverein oder eine Kaninchenausstellung gefunden haben. Achten Sie auf folgendes:

✔ Stallanlage, Käfig oder Auslaufbox, in welchem die Kaninchen gehalten werden, sollten sauber und gepflegt sein.

✔ Die Einstreu ist trocken und nicht uringetränkt.

✔ Die Kaninchen haben genügend Bewegungsfreiheit, Licht und gute Luft.

✔ Die Tiere sind ausreichend mit frischem Wasser und Futter versorgt. Es werden Ihnen Haltungsempfehlungen mit auf den Weg gegeben.

✔ Beobachten Sie, ob Züchter oder Händler liebevoll mit ihren Tieren umgehen.

Hinweis: Leider werden dem Laien oft statt reinrassiger Zwergkaninchen, kleinwüchsige Stallkaninchen angeboten. Wenn Sie ganz sicher gehen wollen, ist der Rassenachweis durch den Verband (→ Adressen, Seite 62) die einzige Gewähr für den Erwerb eines reinrassigen Zwergkaninchens. Doch selbst wenn Sie ein rasseloses Kaninchen »erwischt« haben, ist es deshalb nicht weniger liebenswert.

Das richtige Alter beim Kauf

Mit etwa 7 bis 8 Wochen ist ein junges Kaninchen soweit von der Mutter entwöhnt, daß es in ein neues Zuhause umsiedeln kann. Außerdem läßt sich nun anhand der Ohrenlänge gut erkennen, ob es sich um ein »echtes« Zwergkninchen oder »nur« um ein kleinwüchsiges Stallkaninchen handelt. Im Handel findet man nicht selten wahre Winzlinge, die nicht älter als drei Wochen sind. Ich rate Ihnen ab, solch ein Tierchen zu kaufen. In diesem Alter säugt die Häsin ihre Kleinen normalerweise noch. Junge Kaninchen, die der Mutter zu früh weggenommen werden,

Das Pärchen liegt nach dem Herumtollen friedlich beieinander.

sind weder körperlich ausgereift noch im Wesen gefestigt. Entsprechend hoch ist das Krankheitsrisiko bei solchen »Minis« (→ So entwickeln sich die Jungen, Seite 38).

Männchen oder Weibchen?

Männchen: Ein geschlechtsreifer, nicht kastrierter Rammler leidet, wenn er nicht zum Decken eingesetzt wird, unter seinem aufgestauten Sexualtrieb. Er scharrt oft unruhig in der Käfigeinstreu, riecht »streng« und verspritzt häufig Urin zur Markierung seines Reviers . Außerdem versucht er alles zu decken, was ihm »unterkommt«. Lassen Sie einen Rammler deshalb unbedingt im Alter von 4 bis 6 Monaten kastrieren. Dadurch werden alle beschriebenen Verhaltensweisen stark abgemildert, und Sie bekommen einen besonders anhänglichen Zwerg.

Weibchen: Sie sind auch ohne Kastration gut als Heimtier zu halten, zumal bei ihnen der Eingriff risikoreicher ist. In der Brunst aber können sie sich gegenüber Rivalinnen aggressiv zeigen und bespringen auch Artgenossen und Meerschweinchen. In diesem Fall müssen Sie für ausreichende Fluchtmöglichkeiten der belästigten Mitbewohner sorgen oder die Häsin vorübergehend in einem getrennten Käfig halten.

Die Geschlechtsbestimmung: Es ist nicht leicht, bei einem jungen Kaninchen das Geschlecht zu bestimmen. Beim Kauf müssen sie dem Zoofachhändler oder Züchter vertrauen. Sicherheitshalber sollten Sie einen Tierarzt befragen. Später, etwa bei Pflegemaßnahmen, können Sie die Geschlechtsunterscheidung eingehend selbst »studieren« (→ Praxis Pflege, Seite 30/31).

So sieht ein gesundes Kaninchen aus

Beobachten Sie die Kaninchen eine Weile in ihrem Stall oder Käfig. Gesunde Tiere sind munter und lebhaft. Nehmen Sie dann den Zwerg Ihrer Wahl in die Hand oder lassen Sie sich ihn genau zeigen, um seinen Gesundheitszustand. zu kontrollieren.

An kühle Temperaturen gewöhnt, macht dem Zwerg ein Ausflug im Schnee nichts aus.

1. Sein Fell ist glatt und glänzend, ohne Kahlstellen und frei von Parasiten.
2. Die Augen sind klar und leuchtend, nicht trüb oder starr. Ausfluß und Entzündungen können Krankheitsanzeichen sein.
3. Die Nase ist trocken, ohne Ausfluß. Der Zwerg niest nicht.
4. Die Ohren sind sauber, ohne Belag und Verkrustung.
5. Die Zahnstellung des Kaninchens ist korrekt (→ Zahnkontrolle, Seite 31).
6. Die Analregion ist sauber, nicht naß.

Wie die Zwergkaninchen entstanden sind

Am Anfang des 19. Jahrhunderts wurde die Verarbeitung von Hermelinfellen verboten. Einen Ersatz fand man im »Polnischen Kaninchen«. Diese Tiere waren von Haus aus nur so groß wie Wildkaninchen, hatten ein weißes Fell und rote Augen (Albinos).

Die Engländer begannen mit diesen Albinos die ersten Zwerge herauszuzüchten. Jetzt nannte man sie Hermelinkaninchen.

1884 konnte man im englischen Hull auf einer Ausstellung die Zwerge bewundern. Doch erst Anfang des 20. Jahrhunderts entdeckte man in Amerika den erblich verankerten Zwergfaktor (englisch dwarf=Zwerg; Symbol dw), der für das typische Aussehen der Zwergkaninchen verantwortlich ist.

Erst etzt gelang es Züchtern in aller Welt, den Zwergentyp gezielt zu züchten. Jedes Rassekaninchen hat seine spezifischen Merkmale, die in einem Standard festgelegt sind. Der Rassestandard wird vom Europäischen Verband für Geflügel-, Tauben- und Kaninchenzucht festgelegt.

Das Hermelinkaninchen

Dieser Zwerg ist der Ursprung aller Zwergkaninchen, die später gezüchtet wurden.

Laut Standard muß das Hermelinkaninchen folgendermaßen aussehen: Der Körper ist kurz und gedrungen, das Becken gut gerundet, die Läufe sind kurz und feingliedrig. Das Idealgewicht beträgt 0,9 bis 1,25 kg. Das Fell ist kurz, dicht und weich. Der Kopf muß im Verhältnis zum Körper groß und markant sein. Er sitzt ohne sichtbaren Hals dicht am Körper. Die Ohren sollten nicht länger als 6 cm sein und eng zusammenstehen. Die Fellfarbe ist reinweiß. Bei den rotäugigen Hermelinkaninchen (Albinos) ist die Augenfarbe farblos, das Rot des Augenhintergrundes leuchtet durch. Bei blauäugigen ist die Augenfarbe blaß-blau. Die Krallen sind farblos durchscheinend.

Die Farbenzwerge

So bezeichnet man alle Zwergkaninchen mit farbigem Fell, die nicht rein weiß sind wie das Hermerlinkaninchen. Es gibt Farbenzwerge mit einheitlicher Grundfarbe und mit verschiedenen Abzeichen im Fell. Unterschieden werden z. B. Kaninchen mit schwarzem, roten, havannafarbenem (dunkelbraunem), blauem (blaugrau-

Die rote Häsin möchte nichts mit dem schwarz-lohfarbenen Rammler zu tun haben. Sie flüchtet vor ihm.

em) oder grauem (wildfarbenem) Fell. Zeichnungarten sind beispielsweise der »Russe« mit schneeweißem Fell und schwarzer Maske, die nur die Nase bedecken darf, schwarzen Ohren und schwarzen »Stiefelchen« Seine Augen sind rot. Auch der »Thüringer«, dessen Fell im Grundton gemsfarbig mit Rußschleiern und weich verlaufender dunkler Maske ist, gehört zu den bekannten Zeichnungsarten. Die ersten Farbenzwerge wurden in Holland gezüchtet.
Hinweis: Weiterhin unterscheidet man Zwergkaninchen aufgrund ihrer verschiedenen Felllängen in Normalhaar, Kurzhaar (Rex) und Langhaar (Fuchszwerge).

Der Zwergwidder
Diese jüngste Zwergrasse ist strenggenommen kein richtiges Zwergkaninchen, da diese Tiere nicht den Zwergfaktor »dw« in sich tragen. Zwergwidder sind hängeohrige Kaninchen, die schwerer werden als die übrigen Zwergkaninchen. Die ersten typischen Widderkaninchen wurden 1952 in Holland gezüchtet und waren drei Pfund schwer. Heute kann man auf großen Kaninchenausstellungen diese Hängeohrzwerge in fast der gleichen Farbvielfalt bewundern wie sie bei den übrigen Zwergkaninchen gezeigt wird. Nach meinen Beobachtungen sind Widderchen nicht nur vom Körperbau her kompakter, sondern auch im Wesen stabiler, als die zum Teil nervöseren Zwerge.

Ohrtätowierung
Rassekaninchen sind in beiden Ohren tätowiert, damit man feststellen kann, woher sie kommen. Diese Tätowierung darf nur der Verein vornehmen. Im rechten Ohr wird der Buchstabe für den Landesverband, die Vereinsnummer und bei Jugendzüchtern ein J eintätowiert. Im linken Ohr finden Sie das Geburtsdatum des Kaninchens und die laufende Zuchtbuchnummer.

TIP

Rechtsfragen zur Tierhaltung

Kaufvertragsrecht: Beim Erwerb eines Zwergkaninchens muß kein schriftlicher Kaufvertrag abgefaßt werden, auch ein mündlicher Kaufvertrag ist rechtsgültig. Stellt sich nach der Übergabe des Zwergkaninchens an den Käufer heraus, daß das Tier krank war, kann der Käufer seine gesetzlichen Gewährleistungsrechte geltend machen und vom Kaufvertrag zurücktreten oder den Kaufpreis mindern. Voraussetzung hierfür ist jedoch, daß das Tier bereits bei Übergabe krank war. Im Zweifelsfall muß ein Tierarzt diese Frage klären. Gewährleistungsrechte sind innerhalb von sechs Monaten von der Übergabe an gerechnet geltend zu machen, sonst verjährt der Anspruch. Kinder und Jugendliche (bis zum vollendeten 16. Lebensjahr) dürfen ohne Einwilligung der Erziehungsberechtigten kein Zwergkaninchen kaufen. Genehmigen die Eltern den Kauf nicht, muß der Verkäufer das Tier wieder zurücknehmen und den Kaufpreis erstatten. Mietrecht: Sind im Mietvertrag keine Bestimmungen über die Tierhaltung enthalten, kann man davon ausgehen, daß die üblichen Heimtiere in der Mietwohnung gehalten werden dürfen. Zur Haltung von Zwergkaninchen braucht der Mieter keine ausdrückliche Genehmigung des Vermieters. Problematisch wird es erst, wenn aus ein oder zwei Zwergkaninchen eine ganze Zuchtgruppe wird. Dann muß im Einzelfall geprüft werden, inwieweit der Hausfrieden gestört ist.

IM PORTRÄT:
ZWERGKANINCHEN

Die einzelnen Rassen unterscheiden sich vor allem in der Fellfarbe, der Zeichnung des Fells und in der Haarlänge. Eine Ausnahme bilden die hängeohrigen Zwergwidderkaninchen.

Foto rechts: »Braunmarder« nennt man diese Zeichnungsart. Die Grundfarbe des Fells ist Lichtbraun.

Foto unten: Aufmerksam sichert dieses einfarbig rote Kaninchen. Droht Gefahr?

Foto oben: »Russe« heißt die Zeichnungsart dieses Farbenzwergs.

Foto unten: Schwarzsilbern ist das Fell dieses Zwergkaninchens

Foto oben: Das Fell des Hotot ist weiß. Es hat 3 bis 5 mm breite schwarze Augenringe. Seine Augen sind dunkelbraun, die Krallen farblos.

Foto rechts: Das Fell des ausgewachsenen Fuchszwerges wird 5 bis 6 cm lang. Hier ein Jungtier im Babyfell in der Farbe Havanna.

Foto oben: Chinchilla wird dieser Farbschlag genannt. Das Fell wirkt eisengrau, was dadurch hervorgerufen wird, daß jedes einzelne Haar dreifarbig gebändert (blau-weißlich/lichtaschgrau) ist.

Foto rechts: Das Siam-Kaninchen hat eine ähnliche Fellzeichnung wie die gleichnamige Katze.

Foto links: Ein schwarz-weißes Zwergwidderchen. Seine langen »Schlappohren« machen es einfach unwiderstehlich.

Ein Heim zum Wohlfühlen

Kaninchen sind sehr bewegungsfreudige Tiere.
Damit sie in ihrem Käfig herumhoppeln kön-
nen, muß der Käfig geräumig genug sein.
Der richtige Käfig für 1 bis 2 Zwergkaninchen
sollte eine Mindestfläche von etwa 90 x 50 cm
haben. Noch besser ist ein Großraumkäfig mit
einer Fläche von 115 x 65 cm. Damit sich das
Kaninchen bequem hochrecken kann, darf die
Käfighöhe 45 cm nicht unterschreiten.
Das Unterteil des Käfigs bildet eine Schale aus
Kunststoff, die mindestens 16 cm hoch sein
sollte. Sie verhindert, daß Einstreu in der Wohnung verteilt wird.
Achten Sie darauf, daß das Gitteroberteil ver-
zinkt ist. Kunststoffbeschichte Teile nagen die
Zwerge ab, was zu Gesundheitsschäden führen
kann.

*In diesem gut eingerichteten Käfig (Modell
Wagner & Keller) fühlt sich ein Zwerg wohl.*

Durch eine Klappe an der Gitterfrontseite kann
das Kaninchen heraus- und hineinhoppeln,
wenn es seinen täglichen Auslauf im Zimmer
bekommt..
Ein aufklappbarer Deckel, vor allem beim
größeren Käfig, erleichtert Ihnen das Herausche-
ben des Tiers und das Hantieren im Käfig.
Ungeeignet ist eine Kunststoffhaube als Käfig-
oberteil. Durch unzureichende Belüftung leidet
das Kaninchen an Sauerstoffmangel. Hitze staut
sich im Inneren des Käfigs und Urindämpfe
können nur schlecht abziehen.
Ebenfalls ungeeignet ist die Unterbringung in
einem Terrarium.

Ein Häuschen zum Ausruhen

Wie die höhlenbewohnenden Wildkaninchen, lieben auch Zwergkaninchen einen sicheren Zufluchtsort. Der Zoofachhandel bietet Häuschen aus Kunststoff oder Holz an, die eine Grundfläche von 25 x 35 cm haben sollten. Wählen Sie für Ihren Zwerg eine »Flachdachvilla«, auf der er auch oben hocken und Ausschau halten kann (→ Foto rechts unten). Als weiterer Ruhe- und Aussichtsplatz können Sie zusätzlich ein Sitzbrett aus Holz in das Käfiggitter einhängen. (→ Foto, Seite 16).

Futternäpfe und Trinkgefäß

Ein Futternapf aus glasiertem Steingut mit nach innen gebogenem Rand und einem Durchmesser von 17 cm ist bestens geeignet. Er ist standfest, leicht sauber zu halten und wird im Zoofachhandel angeboten. Jungtieren sollten Sie anfangs einen kleineren Napf anbieten, denn die Kleinen hocken sich gern mitten in den Futternapf und verschmutzen so das Futter. Trockenfutter kann man dem Kaninchen auch in einem automatischen Futterspender anbieten, der ins Käfiggitter eingehängt wird. Doch sollte er stets nur die Tagesration enthalten, sonst frißt das Kaninchen aus Langeweile zuviel und verfettet. Als Trinkgefäß ist eine Kunststoffflasche mit Kugelventil im Trinkröhrchen empfehlenswert (Fassungsvermögen: 450 ml → Foto, Seite 16). In der Heuraufe bekommt der Zwerg seine tägliche Heuration. Leider werden im Zoohandel am häufigsten Gitterraufen angeboten, die innen in den Käfig gehängt werden und nach oben offen sind. Jungtiere springen gern dort hinein, können mit den Läufen im Gitter hängenbleiben und sich Knochenbrüche zuziehen. Decken Sie solch eine Raufe mit einem Holzdeckel ab, oder wählen Sie einen schalenförmigen Heuspender aus Metall oder Kunststoff, der von außen am Gitter eingehängt wird.

Checkliste
Ausstattung

1 Käfig mit einer Fläche von mindestens 90 x 50 cm und 45 cm hoch, mit einer Bodenschale aus Kunststoff (16 cm hoch) und verzinktem Gitteroberteil.

2 Häuschen zum Ausruhen aus Kunststoff oder Plastik.

3 Ein Futternapf aus Steingut (17 cm Durchmesser) für Trocken- und Saftfutter, ein Trinkröhrchen mit Kugelventil zum Einhängen, eine Heuraufe.

4 Einstreu für den Käfigboden: Kleintierstreu aus Strohpellets, Stroh oder gepreßte Weichholzspäne. Bewährt hat sich die Kombination: Weichholzspäne als urinaufsaugende Unterlage und darüber eine dicke Lage Stroh.

5 Katzentoilette mit Katzenstreu (→ Seite 18).

6 Kamm und Bürste für die Fellpflege.

7 Krallenzange zum Krallenschneiden.

8 Nagerstein (aus dem Zoofachhandel oder frische Zweige zum Knabbern.

Der richtige Platz für den Käfig

Wenn das Kaninchen bei Ihnen einzieht, sollte sein Käfig bereits am richtigen Platz stehen. Das Kaninchen mag es hell und luftig, verträgt aber keine pralle Sonne oder die direkte Nähe eines Heizkörpers. Es fühlt sich bei Temperaturen zwischen 12 und 22 °C am wohlsten. Ungeeignet ist ein Platz, an dem es zieht und der vom Boden her kalt ist. Stellen Sie für diesen Fall den Käfig auf eine Unterlage z. B. Styropor oder eine kleine Matratze. Obwohl das Kaninchen gesellig ist, erschrecken es ständig vorbeilaufende Menschen. Wegen seines feinen Gehörs sollte der Zimmerkäfig auch nicht im Fernsehraum stehen. Laute Musik, schreiende Kinder oder ein kreischender Vogel im selben Zimmer lösen beim Kaninchen Streß aus und machen es krank.

Wie das Kaninchen zutraulich wird

Wenn Sie mit dem Zwerg nach Hause kommen, sollten Sie ihn in seinen Käfig setzen und zunächst völlig in Ruhe lassen. Andere Heimtiere wie Hund oder Katze müssen anfangs ferngehalten werden. Kinder dürfen das Kaninchen in den ersten Stunden nicht auf den Arm nehmen

An der Tuffsteinplatte können sich Kaninchen die Krallen abwetzen.

Katzenstreu aus Tongranulat verhindert Uringeruch.

Die Kaninchentoilette

✔ Kaninchen suchen sich zum Urin und Kot absetzen im Käfig eine bestimmte Ecke aus. Stellen Sie deshalb nach einigen Tagen in diese Käfigecke ein Katzenklo aus Plastik (→ Foto, Seite 16).
✔ Legen Sie eine Tuffsteinplatte auf den Toilettenboden (vom Steinmetz zurechtschneiden lassen). Beim Scharren in ihrer Toilette, nutzen die Kleinen sich so auf natürliche Weise ihre ständig nachwachsenden Krallen ab. Außerdem beschwert die Steinplatte die leichte Kunststoffschale.
✔ Füllen Sie die Toilette mit Katzenstreu aus Tongranulat auf. Es bindet den Urin.
✔ Während des Auslaufs in der Wohnung, im Gehege oder auf dem Balkon sollten Sie ein zusätzliches Kaninchenklo bereitstellen.
Hier verwende ich allerdings die geräumigeren Katzenklos aus Kunststoff mit aufsetzbarem Rand, damit beim eifrigen »Buddeln« die Einstreu nicht ins Zimmer gescharrt wird.

Die Toilette sollte so groß sein, daß sich der Zwerg bequem darin ausstrecken kann.

*Einander fremde Tiere müssen sich vor dem
gemeinsamen Auslauf zunächst beriechen.*

Aneinander gewöhnen

✔ Am besten gewöhnen sich Wurfgeschwister
und Jungtiere in den ersten 12 Lebenswochen aneinander.

✔ Den Neuankömmling in einen separaten Käfig
setzen und ihn in Sichtweite des anderen Zwergs
aufstellen.

✔ Zunächst nur einem Tier Auslauf im Zimmer
gewähren. Das andere solange im Käfig lassen.

✔ Erst wenn keiner der beiden Zwerge mehr ans
Käfiggitter springt, um den anderen zu beißen,
bekommen sie gemeinsamen Auslauf.

✔ Anfangs die Zwerge in einem revierneutralen
Raum laufen lassen (nicht, wo die Käfige stehen!).

und herumtragen. Strömt nämlich zuviel Neues
und Ungewohntes auf das Tier ein, erschreckt
es sich und gewinnt kein Vertrauen. Erst, wenn
das Kaninchen anfängt zu fressen und zu trinken, sich ausgiebig putzt und sich wohlig aus-
streckt, hat es den Transportschock überwun-
den und beginnt, sich langsam einzugewöhnen.

Schritt für Schritt Vertrauen aufbauen
1. Nähern Sie sich Käfig und Kaninchen stets
langsam und sprechen Sie das Tier dabei
freundlich an. Es wird sich nach und nach an
Ihre Stimme gewöhnen und sie später wieder-
kennen.

> **Hinweis:** Wie lange es dauert, bis ein Kanin-
> chen zahm wird, hängt von den Vorausset-
> zungen ab, die es mitbringt. Waren bereits
> seine Eltern menschenbezogen? Hat sich
> schon der Züchter viel mit dem Zwerg be-
> schäftigt? Durfte das Tier lange genug bei
> der Mutter bleiben? Hat das Kleine bisher
> noch keine schlechten Erfahrungen mit
> Menschen gemacht?

2. Halten Sie dem Tier zum ersten Kontakt behutsam die leicht geschlossene Hand hin, damit
es Ihren Geruch kennenlernt.
3. Flüchtet es nicht mehr vor Ihnen, können Sie
dem Zwerg kleine
Leckereien wie Löwen-
zahn oder Petersilie
per Hand anbieten.
4. Klappt dies ohne
Probleme, kann man
mit den ersten
Streichelversu-
chen begin-
nen.

*Lassen Sie das
Zwergkaninchen an
Ihrer Hand riechen.
Es erkennt Sie bald
an Ihrem persönli-
chen Geruch.*

DER RICHTIGE UMGANG IM ALLTAG

Springen und in der Luft Haken schlagen, Männchen machen, sich wälzen, räkeln, scharren, buddeln und ausgiebige Fellpflege. Diese vielfältigen Verhaltensweisen zeigt Ihr Zwergkaninchen nur, wenn Haltung und Pflege stimmen und es sich rundherum wohlfühlt.

Der sichere Heimtransport

Bringen Sie Ihr Zwergkaninchen auf dem schnellsten Weg nach Hause.

Damit der Transport für Ihren Zwerg kein zu großes Schockerlebnis wird, sollten Sie sich eine sichere Transportbox aus Kunststoff, wie sie auch für Katzen angeboten wird, für diesen Zweck zulegen (→ Foto, Seite 30). Die Ausgabe lohnt sich auch für später, wenn Sie Ihr Kaninchen einmal zum Tierarzt bringen müssen oder mit ihm Ausstellungen besuchen möchten.

Zu Hause angekommen, setzen Sie das Tier in seinen Käfig und lassen es in den ersten Stunden völlig in Ruhe (→ Wie das Kaninchen zutraulich wird, Seite 18).

Zwergkaninchen und Kinder

Die niedlichen, zutraulichen Zwergkaninchen erobern jedes Kinderherz im Sturm. Die Verantwortung für das Tier zu übernehmen und richtig mit ihm umzugehen, lernen Kinder aber vor allem durch Anleitung und Vorbild der Eltern. Das Kind möchte z. B. meist dann mit dem Zwerg spielen, ihn herumtragen und streicheln, wenn ihm danach ist. Doch ein Kaninchen braucht Ruhephasen, in denen es sich entspannen und dösen kann. Auch wenn es sich ausgiebig putzt oder frißt, möchte es nicht gestört werden. Dies müssen die Eltern dem Kind vermitteln. Nach meiner Erfahrung ist ein Kind erst mit Schulreife in der Lage, sein Tier richtig zu verstehen und selbständig für es zu sorgen. Zusammen mit meinen beiden Kindern, die jedes ein Zwergkaninchen hatten, entwarf ich folgenden Text, der auf rotem Pappkarton stand und an der Kinderzimmertür hing. So weckte ich bei meinen Kindern Verständnis für das Lebewesen Zwergkaninchen.

Ich bin Dein Freund Zwergkaninchen:

✔ Sprich freundlich und leise mit mir, sonst fürchte ich mich vor Dir.

✔ Nimm mich nicht raus, wenn ich schlafen möchte.

✔ Du magst Bonbons, mir schmeckt Heu, Grünes und mein Knabbermenü besser.

✔ In meinem Zuhause liebe ich frisches Stroh, aber keine Nässe.

✔ Wenn Du mit Freunden feierst und laut Musik hörst, setze mich solange an einen ruhigeren Platz.

Durch Hochrecken verschafft sich der Zwerg einen besseren Überblick.

✔ Warte bis ich zu Dir komme und kraule mich dann. Auf Pfeifen hört nur ein Hund, aber kein Kaninchen.

✔ Du warst heute schon draußen, hast du auch an mich gedacht ?

Wie sich Zwergkaninchen mit anderen Heimtieren verstehen

Leider gibt es kein Grundrezept dafür, das ein friedliches Zusammenleben zweier oder mehrerer verschiedener Tierarten garantiert. Manchmal entstehen regelrechte Freundschaften, oft sind aber auch starke Antipathien vorhanden. Auf jeden Fall sollten Sie artfremde Tiere niemals ohne Aufsicht zusammen in einem Raum lassen.

Meerschweinchen: Im allgemeinen vertragen sie sich gut mit Zwergkaninchen und können sogar gemeinsam in einem geräumigen Zimmerkäfig gehalten werden. Am besten klappt das Aneinandergewöhnen, wenn Meerschweinchen und Zwergkaninchen noch jung sind und zur gleichen Zeit angeschafft werden. Doch Vorsicht! Wenn es zu einer Auseinandersetzung kommt, kann ein Kaninchen seinen Mitbewohner durch Bisse schwer verletzen. Ein Kaninchenbock muß kastriert werden, damit er das Meerschweinchen nicht ständig bespringt und versucht, es zu decken.

Vögel: Kaninchen haben ein feines Gehör. Laut kreischende und pfeifende Vögel im selben Raum lösen bei ihm Streß aus.

Hund: Ein Zwergkaninchen paßt genau in das Beuteschema eines Hundes. Dennoch kann auch ein Hund so erzogen werden, daß er eine Art »Burgfrieden« mit dem Kaninchen schließt. Vor allem Hütehundrassen und die freundlichen Golden und Labrador Retriever besitzen hierfür gute Wesensvoraussetzungen.

Katzen: Auch für sie sind Kaninchen Beutetiere. Außerdem lassen sie sich kaum oder nur bis zu einem gewissen Maß erziehen. Dennoch können Katze und Zwergkaninchen friedlich miteinander leben, wie ich aus eigener Erfahrung bestätigen kann. Freigehege oder Auslauf auf dem Balkon sollten jedoch so abgesichert werden, daß fremde Katzen nicht eindringen können.

Hinweis: Bitte beachten Sie auch den nachfolgenden Textabschnitt. Hier erhalten Sie meine praxiserprobten Tips für das richtige Aneinandergewöhnen von Zwergkaninchen mit Hund oder Katze.

Kaninchen an Hund oder Katze gewöhnen

✔ Besonders gute Chancen für ein harmonisches Zusammenleben besteht bei jungen Tieren, die noch geprägt und erzogen werden können und bei einem Zwergkaninchen, daß wenig scheu und nervös ist.

Das Meerschweinchen läßt es sich schmecken. Dem Zwergwidderchen scheint beim Zusehen »das Wasser im Mund zusammenzulaufen«.

Der Berner Sennenhund mit seinem Hüte-trieb beschützt auch das Kaninchen.

✔ Halten Sie Kaninchen und Hund oder Katze solange in getrennten Räumen, bis sich das Kaninchen eingewöhnt hat und zutraulich geworden ist.

✔ Streicheln Sie zwischendurch immer wieder abwechselnd ein Tier und lassen Sie danach das andere den Geruch an Hand und Körper wittern.

✔ Beim ersten Kennenlernen läßt man das Kaninchen im Käfig. Einen Hund nimmt man sicherheitshalber an die Leine. Bellt er oder springt er am Käfiggitter hoch, wird er mit einem strengen »Pfui« oder »Aus« verwiesen. Versucht die Katze durchs Käfiggitter zu tatzeln wird sie ebenfalls mit einem eindeutigem »Nein« verwiesen und bekommt notfalls einen gezielten Wasserstrahl aus der Blumenspritze. Auch ein scharfer Luftzug aus dem Blasebalg, der sie unvermittelt trifft, lenkt die Katze ab.

✔ »Braves« Verhalten von Hund oder Katze belohnt man mit Streicheln und Leckerbissen. Vergessen Sie nie, den Tieren ruhig und freundlich zuzureden.

✔ Lassen Sie Ihr Zwergkaninchen erst frei laufen, wenn sich Hund oder Katze verträglich ihm gegenüber gezeigt haben. Halten Sie dennoch immer Sichtkontakt und verhindern Sie jedes Hinterherjagen und sei es auch nur spielerisch.

10 Goldene Regeln
des richtigen Umgangs

1 Das gesellige Zwergkaninchen ist am glücklichsten, wenn es mit Artgenossen zusammenleben darf.

2 Kaninchen brauchen viel Bewegung. Gewähren Sie Ihrem Zwerg täglich Auslauf im Zimmer oder im Freigehege.

3 Sorgen Sie für eine abwechslungsreiche Ernährung Ihres Zwergkaninchens. Zusätzlich braucht es Zweige oder ein Stück hartes Brot, um seine ständig nachwachsenden Nagezähne abnutzen zu können.

4 Das Kaninchen liebt das Kraulen hinter den Ohren und wenn Sie ihm mit dem Finger sanft von der Nase zur Stirn hochfahren.

5 Bieten Sie dem Kaninchen Beschäftigungsmöglichkeiten. Beim Auslauf in der Wohnung vergnügt es sich z. B. schon mit einem leeren Karton (→ Seite 48).

6 Kraulen unter dem Kinn oder an der empfindlichen Körperunterseite mögen Kaninchen gar nicht. Werden Sie gar mit »spitzen« Fingern angestupst, kann selbst der zahmste Zwerg plötzlich beißen.

7 Feuchte und schmutzige Einstreu im Käfig ist für das reinliche Zwergkaninchen ein Graus. Außerdem entwickeln sich in unsauberen Käfigen Krankheitserreger.

8 Wenn das Kaninchen schläft, frißt oder sich putzt darf es nicht gestört werden.

9 Versuchen Sie nie, ein Zwergkaninchen mit Gewalt einzufangen. Wildes Hinterherjagen oder plötzliches Packen erschrecken das Tier so, daß es einen Herzschlag bekommen kann.

10 Kontrollieren Sie regelmäßig die Zähne und die Krallen Ihres Zwerges. Zu lange Krallen behindern ihn beim Laufen, zu lange Zähne beim Fressen.

Hinweis: Selbst wenn sich die Tiere gegenseitig tolerieren, sollte man sie sicherheitshalber nie ohne Aufsicht frei laufen lassen. Leider kommt es immer wieder zu »Unfällen«, bei denen das kleine Kaninchen getötet wird.

Hochnehmen und Tragen will geübt sein

Wenn Sie beim Hochnehmen des Zwergkaninchens nur zaghaft zupacken und es beim Tragen nicht genügend festhalten, kann es vom Arm herunterfallen und sich dabei Knochenbrüche oder einen Sehnenriß zuziehen. Beachten Sie deshalb folgendes:

✔ Gehen Sie vor dem Tier in die Hocke, sprechen Sie es freundlich an, lassen Sie es an Ihrer Hand riechen.

✔ Greifen Sie mit der rechten Hand das lose Rückenfell des Tieres hinter den Ohren in Höhe der Schulterblätter.

✔ Beim Hochheben stützen Sie mit der linken Hand Hinterteil und Hinterbeine des Zwerges ab (→ Foto, Seite 30). So wird er von seinem Eigengewicht entlastet und hängt nicht frei in der Luft.

✔ Beim Tragen setzen Sie das Kaninchen auf Ihren linken angewinkelten Unterarm. Die rechte Hand liegt sicherheitshalber auf dem Rücken des Tieres. Wird es plötzich unruhig und fängt an zu zappeln, können Sie es so festhalten.

Hinweis: Sehr junge Kaninchen greift man nicht am Schulterfell, sondern umschließt sie beim Hochnehmen mit beiden Händen. Keinesfalls dürfen Sie ein Kaninchen alleine auf dem Tisch oder Schrank herumlaufen lassen. Es kann abstürzen.

Die Sache mit der Stubenreinheit

Die von Natur aus reinlichen Zwergkaninchen benutzen auch im Käfig meist eine bestimmte Ecke zum Kot und Urin absetzen.

Für eine Dauerhaltung im Freigehege oder auf dem Balkon ist eine Schutzhütte nötig.

1. Stellen Sie in die Käfigecke, die das Kaninchen als Kloecke benutzt, ein kleines Katzenklo, gefüllt mit Katzenstreu (→ Fotos, Seiten 16 und 18).

2. Für Ausflüge im Zimmer empfiehlt es sich, eine zweite Toilette aufzustellen.

So wird der Zwerg an die Toilette gewöhnt:

✔ Das Toilettenkistchen im Käfig benutzt das Zwergkaninchen meist ganz von alleine.

✔ Für den Auslauf im Zimmer füllen Sie etwas Streu aus der Käfigtoilette, einschließlich einiger Kotkügelchen, in die »Zimmertoilette«.

✔ Stellen Sie die »Zimmertoilette« am besten in die Ecke, in der das Kaninchen sich am liebsten aufhält.

✔ Setzen Sie den Zwerg zwischendurch immer wieder in die »Zimmertoilette«. Anfangs wird er wahrscheinlich sofort hinaushoppeln. Lassen Sie sich davon nicht entmutigen, sondern bleiben Sie weiterhin geduldig.

Gefahren für das Zwergkaninchen

Gefahr	Gefahrenquelle	Vermeiden von Gefahr
Ausrutschen, Erkältung	Glatte Parkett- oder Kunststoffböden, Steinfußböden	Das Tier auf Teppichboden laufen lassen oder ein Laufgehege im Zimmer einrichten, das z. B. mit einer Strohmatte ausgelegt wird.
Einklemmen	Türen	Türen immer vorsichtig öffnen und schließen.
Hitzschlag	Sonne, Heizung	Käfig nie zu nahe an die Heizung oder in die pralle Sonne stellen (→ Hitzschlag, Seite 54).
Stromschlag	Leitungen, die Strom führen	Der Zwerg knabbert mit Vorliebe an Kabeln. Deshalb Kabel nagesicher, z. B. mit Kabelröhren, verkleiden.
Vergiftung	Giftige Zimmerpflanzen	Am besten alle Pflanzen außer Reichweite des Kaninchens aufstellen. Es knabbert mit Begeisterung an jeder Pflanze.

✔ Verteilt das Kaninchen trotz Toilette Kotkügelchen im Zimmer, läßt man diese trocknen und saugt sie mit dem Staubsauger weg. Urin auf dem Teppich sofort mit »Urinentferner für Hund und Katze« (aus dem Zoofachhandel) behandeln.

Hinweis: Leider werden nicht alle Zwergkaninchen stubenrein. Bestrafen Sie niemals ein Tier durch einen Klaps oder ähnliches. Bereits erworbenes Vertrauen würde sofort zunichte gemacht.

Kaninchen brauchen Freilauf in der Wohnung

Kein Käfig kann groß genug sein, um dem enormen Bewegungsdrang eines Zwergkaninchens gerecht zu werden. Deshalb braucht es täglich Auslauf in der Wohnung. Seinen ersten Ausflug darf es jedoch erst dann machen, wenn es sich an seine neue Umgebung gewöhnt hat und handzahm ist (→ Seite 18/19). Erst dann wird es freiwillig in seinen Käfig zurückhoppeln, um zu fressen und sich gegebenenfalls auch problemlos von Ihnen in den Käfig zurücksetzen lassen.

Besonders für Jungtiere kann anfangs der Ausstieg bei einer Höhe der Bodenschale von 18 cm und mehr zu hoch sein. Schaffen Sie eine Kletterhilfe, indem Sie ein Holzbrett ins Gitter hängern. Wird die Käfigtür nach vorne aufgeklappt, legen Sie einfach ein Stück Teppichboden darauf.

Während des Auslaufs sollte immer jemand zugegen sein, wenn der Zwerg seine »Runden im Zimmer dreht«, denn selbst mit bestem Willen läßt es sich oft nicht realisieren, einen Raum vollkommen kaninchengerecht und gefahrenfrei für das Tier einzurichten (→ Tabelle, oben).

Bedenken Sie auch, daß ein Kaninchen alles an- nagt, was ihm in die Quere kommt. Es kann wertvolle Teppiche und Möbel nicht von ande- ren unterscheiden. Passen Sie auf, wenn Sie das Zimmer durchqueren. Das Kaninchen springt Ih- nen oft unvermutet plötzlich zwischen die Füße und Sie könnten es unbeabsichtigt treten und verletzen. Damit das Tier zu jeder Zeit in seinen Käfig hoppeln kann, muß die Käfigtür offen bleiben.

Hinweis: Sollten Sie Ihr Zwergkaninchen nicht beaufsichtigen können, stellen Sie ihm ein Frei- gehege ins Zimmer (→ Foto, Seite 29). Hier kann es nach Herzenslust gefahrlos herumtol- len. Damit der Fußboden nicht verschmutzt wird, sollten Sie eine wasserfeste Plastikplane unterlegen, auf die entweder ein Teppichbo- denrest oder eine Strohmatte gelegt wird. Ist- solch ein »Laufstall« auch noch abwechslungs- reich eingerichtet, hat der Zwerg keine Lange- weile (→ Praxis Beschäftigung, Seite 48/49).

Ein behagliches Zuhause auf dem Balkon

Haben Sie einen windgeschützen Balkon? Dann können Sie hier Ihrem Zwergkaninchen von Frühjahr bis Herbst ein hübsches Heim ein- richten. Auch einen erweiterten Auslauf vom Zimmer auf den Balkon weiß Ihr Zwerg zu schätzen.

✔ Vor Bodenkälte auf dem Balkon schützt eine Plastikfolie, auf die eine Stroh- oder Schilf- matte gelegt wird. Eine Überdachung sorgt für Regenschutz.

✔ Durch zuviel Sonne kann das Kaninchen ei- nen Hitzschlag erleiden (→ Seite 54). Abhilfe schafft z. B. ein Sonnenschirm.

Ein ausgehöhlter Baumstamm wird zum herrlichen Unterschlupf im Freigehege.

✔ Balkonbrüstungen von unten bis oben mit Maschendraht sichern. Damit ein Zwerg beim Hakenschlagen nicht über die niedrige Brü- stung springt, den Balkon mit einem Katzen- netz (aus dem Zoofachhandel) nach oben hin absichern.

✔ Wollen Sie nur einen Teil des Balkons als Heim oder Auslauf für das Kaninchen einrich- ten, dient als Abtrennung z. B. ein auf einen standfesten Holzrahmen gezogener Maschen- draht.

✔ Zur Ausstattung gehört: eine Schale mit Stroh oder Heu, ein Katzenklo mit Katzenstreu gefüllt, ein Futter- und Wassernapf.

✔ Schaffen Sie auch Beschäftigungsmöglickei- ten für das Kaninchen im »Freigehege« auf dem Balkon (→ Praxis Beschäftigung, Seite 48/49).

Freigehege im Garten

Ein Gehege im Garten bedeutet für ein Kani- chen in der Obhut des Menschen den »Himmel auf Erden« Hier hat es frische Luft, kann an fri-

VERSORGUNG IM URLAUB

Am besten fahren sie ohne Ihren Zwerg in Urlaub, denn Orts- und Klimawechsel lösen beim Zwergkaninchen Streß aus.

Zuhause: In seiner vertrauten Umgebung, fühlt sich das Kaninchen am wohlsten. Kümmern Sie sich rechtzeitig um einen zuverlässigen Pfleger. Geben Sie genaue Pflegeanweisungen und hinterlassen Sie für den Notfall Ihre Urlaubsadresse und die Adresse des Tierarztes.

Unterbringung außer Haus: Infrage kommt eine Tierpension, ein Zoofachgeschäft oder ein Privathaushalt. Machen Sie sich vorher selbst ein Bild, ob Ihr Tier hier gut untergebracht ist.

Ferien im Ausland: Erkundigen sie sich bei dem jeweiligen Konsulat, welche Gesundheitszeugnisse erforderlich sind. Bedenken Sie jedoch, daß lange Autofahrten eine Tortur für das Tier bedeuten. Während der Fahrt muß das Kaninchen in einer sicheren Transportkiste untergebracht werden. Bieten Sie dem Tier in den Pausen Trinkwasser an, fressen wird es vor Aufregung meistens nichts. Ein Ferienhaus ist für den »Kaninchenurlaub« bestens geeignet.

schem Grün knabbern und herumhoppeln soviel es möchte .

Ein gut geeignetes und zweckmäßig eingerichtetes Freigehege für mehrere Zwerge sehen Sie auf dem Foto Seite 29. Zum Schutz vor Katzen ist das Gehege von oben mit einem Netz gesichert. Solch ein Freigehege ist im Zoofachhandel erhältlich.

Stellen Sie das Gehege im Halbschatten eines Baumes auf, damit die Tiere vor praller Sonne geschützt sind.

Grünflächen dürfen nicht mit Chemikalien behandelt sein!

Die Schutzhütte

Kaninchen, die von Frühjahr bis Herbst im Freigehege oder auf dem Balkon leben, brauchen eine Schutzhütte, in der sie warmen Unterschlupf finden. Die im Foto auf Seite 25 abgebildete Schutzhütte kann mit etwas handwerklichem Geschick nachgebaut werden. Sie hat eine Grundfläche von 45 x 45 cm und ist 30 cm hoch (Durchmesser des Einschlupflochs: 14 cm). Die Vorderseite der Hütte mit dem Einschlupfloch kann geöffnet werde. Das erleichtert Ihnen das Saubermachen. Das getrennte Wetterdach besitzt eine geschlossene Rückwand und mißt vom Boden bis zur Spitze 70 cm.Solche eine Schutzhütte bietet zwei Zwergkaninchen eine warme und sichere Zuflucht.

Links ein wildfarbenes Zwergkaninchen, rechts eines in den Farben Weißgrannen-schwarz.

Kaninchen an das Außenklima gewöhnen

Ein Wohnungskaninchen sollte langsam an den Aufenthalt im Freien gewöhnt werden, damit es sich nicht erkältet.

Dieser gut erzogene Hund sitzt ruhig neben dem Gehege (Modell Wagner & Keller).

✔ Warten Sie ab, bis die Temperaturen auf etwa 20 °C ansteigen.

✔ Setzen Sie das Tier anfangs nur für etwa 1 bis 2 Stunden ins Freigehege, später auch länger.

✔ Fallen die Temperaturen nachts noch unter 15 °C, muß der Zwerg ins Haus geholt werden.

Hinweis: Vergessen Sie nicht, dem Kaninchen sowohl im Gartenfreigehege als auch auf dem Balkon seine Streicheleinheiten zu geben. Zuwendung und Ansprache fördern die Beziehung zwischen Ihrem Zwergkaninchen und Ihnen. Das Tier bleibt so auch im Freigehege weiterhin zahm und zutraulich.

Pflegeutensilien
✔ Krallenzange zum Schneiden der Krallen.
✔ Trennmesser zum Auflösen von Knoten im Fell für langhaarige Kaninchen.
✔ Spezialbürste mit gekrümmten Metallzähnen für Langhaarzwerge.
✔ Bürste mit Naturborsten für Kurzhaarzwerge.
✔ Fellpflegehandschuh oder ein »Striegel« für kurzhaarige Kaninchen.

Käfig und Zubehör reinigen
Ein sauberer Käfig gehört zur Gesundheitsvorsorge:
✔ Futterschüssel täglich mit heißem Wasser reinigen, Nippeltränke zweimal in der Woche.
✔ Plattgetretenes

Geschlechtsbestimmung
Dazu Kaninchen auf den Schoß setzen, es am Rückenfell packen und auf den Bauch drehen. Mit Daumen und Zeigefinger den Genitalbereich des Tieres sanft auseinanderziehen. Richtung Schwanz befindet sich bei beiden die punktförmige Analöffnung. Davor liegt die Geschlechtsöffnung.
Beim Männchen ist auch die Geschlechtsöffnung punktförmig, später bilden sich daneben die Hoden.

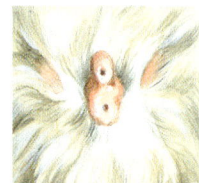

Männchen mit punktförmiger Geschlechtsöffnung.

Weibchen mit länglicher Geschlechtsöffnung.

Beim Weibchen verläuft die Geschlechtsöffnung länglich wie ein Schlitz.

Geschlechtsecken säubern
Beidseitig der Geschlechtsöffnung sitzen die Leistendrüsen in haarlosen Hauttaschen. Ihnen entströmt ein süßlicher Geruch, der den Zwergen zum gegenseitigen Erkennen dient. Mit einem Wattepad und etwas Babyöl Sekretablagerun-

Geschlechtsecken reinigen.

gen regelmäßig entfernen, damit die Hauttaschen nicht verkleben.

Während der Käfigreinigung ist der Zwerg gut in einer Transportbox aufgehoben.

Stroh täglich mit der Hand auflockern, damit Kotbällchen nach unten fallen.
✔ Feuchte Einstreu komplett wechseln. Meist ist dies 1- bis 2 mal pro Woche notwendig. Geht Ihr Zwerg regelmäßig auf seine Toilette, verlängert sich der Abstand.
✔ Bodenschale beim Wechseln der Einstreu feucht auswischen oder in der Badewanne abbürsten und mit heißem Wasser abbrausen. Gut trockenwischen.
✔ Urinstein läßt sich hervorragend mit Zitronensäure (aus der Apotheke) ablösen.
✔ Das Gitteroberteil etwa einmal im Monat reinigen.
Hinweis: Kaninchendung kann zusammen mit der Einstreu in die Biotonne oder auf den Komposthaufen gegeben werden.

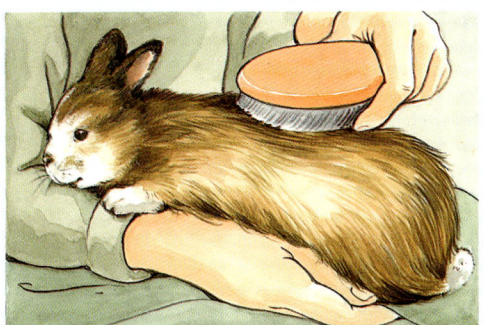

Durch das Bürsten werden abgestorbene Haare entfernt und die Durchblutung gefördert.

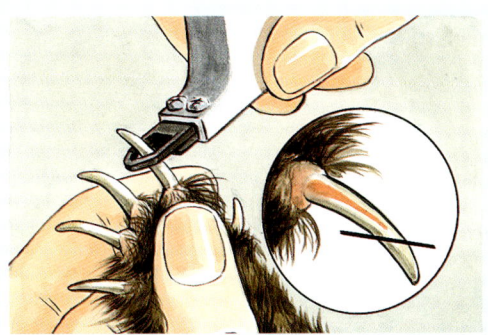

Achtung, beim Krallenschneiden nicht das »Leben« verletzen. So schneiden Sie richtig.

Fellpflege

In der Zeit des Fellwechsels hilft regelmäßiges Bürsten, abgestorbene Haare leichter zu lösen. Kaninchen mit normallangem Fell bürstet man mit einer weichen Naturborstenbürste oder einem Pflegehandschuh mit Gumminoppen. Die langhaarigen Angoramischlinge, Jamora und auch Zwergfuchs-Kaninchen sollte man täglich mit einer Spezialbürste – sie hat gekrümmte Metallborsten – gründlich durchkämmen damit das Fell nicht verfilzt. Knoten im Fell mit einem Trennmesser lösen. Angoramischlinge und Jamora müssen vierteljährlich geschoren werden (vom Züchter oder Tierarzt zeigen lassen!).

Krallen schneiden

Zu lange Kralle biegen sich sichelförmig nach innen und müssen mit einer speziellen Krallenzange (im Zoofachhandel erhältlich) gekürzt werden. Zum Schneiden die Pfote zwischen Zeigefinger und Daumen nehmen und die Ballen mit leichtem Druck auseinanderdrücken. Innerhalb der Krallen verlaufen Blutgefäße und Nervenenden, die Sie nicht verletzen dürfen. Dunkle Krallen am besten gegen eine Lichtquelle halten. Schneiden Sie etwa 0,5 cm nach dem »Leben« die einzelne Kralle schräg nach unten ab. Lassen Sie sich das Krallenschneiden von einem Tierarzt oder Züchter zeigen!

Zahnkontrolle

Die Zähne des Kaninchens wachsen ständig nach, nutzen sich aber bei richtiger Ernährung auf natürliche Weise ab. Hat das Tier eine angeborene Gebißfehlstellung, reiben die Zähne nicht richtig aufeinander und wachsen so lang, daß das Kaninchen nicht mehr richtig fressen kann (→ Seite 55). Damit es nicht verhungert, muß der Tierarzt dem Zwerg die Zähne kürzen. Aber auch bei einem gesunden Tier sollten Sie regelmäßig die Zähne kontrollieren, damit eventuelle Schäden rechtzeitig behandelt werden können.

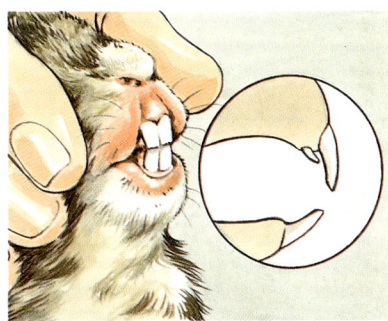

Dieses Zwergkaninchen hat eine korrekte Gebißstellung.

Gesunde Ernährung

Ein abwechslungsreicher Speiseplan, der aus Heu, Trocken-, Grün- und Saftfutter besteht, hält Ihr Kaninchen gesund und fit. Einseitige Ernährung führt zu Mangelkrankheiten und Krankheiten des Verdauungstrakts.

Heu darf nicht fehlen

Hochwertiges Heu enthält wichtige Nährstoffe und unersetzbare Ballaststoffe, die die Verdauung des Kaninchens regulieren. Deshalb muß die Heuraufe Ihres Zwerges immer gut gefüllt sein, auch nachts. Heu macht nicht dick!
Das macht gutes Heu aus:
✔ Es enthält Kräuter, Blumen, verschiedene Gräser mit Blättern, Blüten und Fruchtständen.
✔ Das Heu hat eine grünliche Farbe, ist weder gelblich noch grau.
✔ Es verströmt einen aromatischen Duft.
✔ Es stammt von naturbelassenen Wiesen.
Hochwertiges Heu bekommen Sie im Zoofachgeschäft. Es wird unter dem Begriff »Alpenwiesenheu« angeboten.
Minderwertiges, altes Heu enthält kaum noch Nährstoffe. Es staubt stark und reizt die Atemwege des Kaninchens. Vorsicht bei Heu, das feucht oder gar schimmelig ist. Es kann beim Kaninchen schwere Verdauungsstörungen, Durchfall und Koliken verursachen.

Trockenfertigfutter

Unter dem Begriff »Alleinfutter« wird im Zoofachhandel Trockennahrung für Kaninchen angeboten, das alle Nährstoffe und Vitamine enthält, die Ihr Zwerg braucht.
»Ergänzungsfutter« wird lediglich zusätzlich gefüttert. »Aufzuchtfutter« bekommt das junge Kaninchen, das noch in der Entwicklung ist. »Zuchtfutter« ist für Kaninchen gedacht, die Zuchtleistungen erbringen müssen. Schließlich gibt es noch »Mastfutter« zum Mästen von Stallkaninchen.
Die verschiedenen Mischungen bestehen aus Grünpellets (gepreßte Futterbestandteile), Getreide (als ganze Körner, gequetscht oder als Flakes), verschiedenen Saaten, etwas Trockengemüse und Vitaminen.
Achten Sie beim Futterkauf darauf,
✔ daß das Haltbarkeitsdatum (meist auf der Packung aufgedruckt) noch nicht abgelaufen ist. Das Futter enthält dann nicht mehr alle wichtigen Vitamine.
✔ daß die Futtermischung wenig Getreidekörner, dafür mehr Grünpellets und getrocknetes Gemüse enthält (Packungsaufschrift beachten!). Futter mit hohem Getreideanteil ist sehr energiereich und muß sparsam verfüttert werden, damit das Kaninchen nicht zu schnell verfettet.

Grün- und Saftfutter

Wildkaninchen ernähren sich überwiegend von frischen oder getrockneten Grünpflanzen, Knollen und Futterpflanzen vom Acker, selten aber Getreide. Deshalb ist Frischfutter für Zwergkaninchen immer noch die gesündeste Nahrung. Futterpflanzen, Gemüse und Obst haben einen hohen Nährstoffgehalt und sind reich an Eiweiß und Kalzium.
Gut geeignete Futterpflanzen sind Löwenzahn (vor allem die ersten zarten Pflänzchen), Wiesengras (besonders junge Grashälmchen), Spitz- und Breitwegerich, Wicke, Bärenklau, Melde, Gänsefuß und Huflattich. Waldhimbeere, -erdbeere, -brombeere (nur die zarten jun-

Ein Speiseplan, der Ihr Zwergkaninchen gesund und fit hält

Morgens	Trockenfutter: 30 g (3 Eßlöffel) pro Zwergkaninchen.
Abends	Grün- und Saftfutter: Grünfutter (eine hohle Hand): Löwenzahn, Möhrenkraut, Feldsalat. Abwechselnd mit Saftfutter: 1 Karotte, 1/2 Knolle Fenchel oder 2 bis 3 Röschen Broccoli.
Täglich dazu	Die Raufe voll Heu und die Nippeltränke frisch mit Wasser aufgefüllt.
Einmal pro Woche	Als Knabberkost: 2 bis 3 Zweige abwechselnd mit 1/2 Kante hartem Vollkornbrot oder einer Scheibe Knäckebrot.
Als Leckerbissen zwischendurch	1/4 Stück Apfel, Gewürzkräuter wie Petersilie (kleiner Bund) oder 1 Eßlöffel grobe Vollkornhaferflocken.

Hinweis: Die Mengenangaben in diesem Menüplan sind Durchschnittswerte. Durch Erfahrung, Beobachtung und regelmäßige Gewichtskontrolle müssen Sie selbst herausfinden, wieviel Ihr Zwergkaninchen fressen darf. Die Futtermenge und Energie soll dabei der Leistung des Tieres und seinem Energieverbrauch angepaßt werden. Ein Tier, das z. B. viel Bewegung hat, oder eine säugende Häsin brauchen entsprechend mehr Futter als etwa ein älteres Tier, das sich wenig bewegt.

Gute Konstitution ist vor allem auch eine Frage der gesunden Ernährung.

gen Blätter und 2 bis 3 Früchte als Leckerbissen), Luzerne, Kleegras (wenig, da es Blähungen verursacht), junge Brennesseln, Schafgarbe und Kamille.

Hinweis: Sammeln Sie nur Pflanzen, die Sie genau kennen. Ungeeignete Sammelplätze sind: Die Ränder vielbefahrener Straßen (Belastung durch Autoabgase), Parks, in denen viele Hunde ausgeführt werden (Krankheitsübertragung durch Kot), unmittelbare Nähe von chemisch behandelten Äckern, Wiesen, die mit Unkrautvernichtungsmitteln gespritzt wurden. Gut geeignete Plätze zum Sammeln sind: Naturbelassene Wiesen, vor allem in Naturschutzgebieten und städtischen Grünanlagen, Brachflächen, nicht landwirtschaftlich genutzter Grund; ver-

Wie ein Wildkaninchen im Winter gräbt dieser Zwerg im Schnee nach Futter.

wilderte Grundstücke, im Wald und am Waldrand, im Garten, wenn dort kein Gift eingesetzt wurde.

Gut geeignet aus Küche und Garten sind: Möhren, Kohlrabi (Kraut und Knolle); Fenchel, Stangensellerie, Feldsalat, Löwenzahn, Chicoree, Broccoli, Rettich und Radieschen (nur Blätter); Zichorie (Zuckerhut), Spinat, Sellerieknolle, Topinambur (Kraut und Knolle), Sojabohnen- und Erbsengrün, junge Maiskolben (kalorienreich!). Besonders gesund sind Gewürzkräuter wie Petersilie, Dill, Liebstöckel (Maggikraut), Bohnenkraut, Kerbel, Majoran und Salbei. Auch Obst, vor allem Apfel, ein wenig Birne und ab und zu eine Erd- oder Himbeere schmecken dem Kaninchen.

Bedingt geeignet sind: Alle Kohlsorten, da sie stark blähen, und Kopfsalat, der meist stark gespritzt ist und Verdauungsstörungen verursacht.

Nicht empfehlenswert sind: Salatgurke, Tomate, Zucchini, Aubergine, rote Beete, rohe Kartoffel.

Giftig sind: Kartoffelkeime und rohe Bohnen.

Knabberkost

Zum Abnützen seiner ständig nachwachsenden Zähne braucht ein Kaninchen stets etwas zum Nagen.

Frische Zweige sind bei den Zwergen sehr beliebt. Gut eignen sich Zweige von Haselnuß, Hainbuche, Erle, Weide, Linde, Ahorn, Esche und Obstbäumen (ungespritzt!).

Hartgewordenes Vollkornbrot (nicht zu stark

gewürzt und gesalzen) oder ein Stück Knäcke-brot mögen die Zwerge ebenfalls gern. Spezielle Knabberstangen, -herzen, Drops und dergleichen gibt es im Zoofachhandel. Achten Sie darauf, daß diese Knabberleckereien viele pflanzliche Bestandteile wie Gemüse, Kräuter und Grünpflanzen enthalten.

Trinkwasser

Frisches Wasser ist das beste Getränk und muß immer zur Verfügung stehen.
So tränken Sie Ihren Zwerg richtig:
✔ Die Nippelflaschen täglich mit frischem, zimmerwarmem Wasser füllen.
✔ Stark gechlortes Trinkwasser vorher abkochen und abkühlen lassen.
✔ Bei hoher Nitratbelastung stilles Mineralwasser verwenden.
✔ Bei eventuellem Vitaminmangel kann das Trinkwasser mit einem entsprechenden Präparat angereichert werden (beim Tierarzt oder im Zoohandel erhältlich).
Hinweis: Milch vertragen Kaninchen nicht! Verdünnter Kamillentee dagegen wird gerne getrunken und hilft bei Verdauungsbeschwerden.

Diät für Dicke

Zwergkaninchen entwickeln beim Fressen Vorlieben. Besonders gern mögen die meisten Zwerge die fettmachenden Getreideflocken im Trockenfutter. Die gesunden Grünpellets bleiben dagegen liegen. Entfernen Sie Trockenfutterreste nicht, sondern warten Sie, bis das Kaninchen alles aufgefressen hat. Nächstes Mal weniger Futter geben! Kontrollieren Sie monatlich das Gewicht des ausgewachsenen Zwerges. Nimmt Ihr Kaninchen beständig zu, sollten Sie einen Diättag mit Heu und Wasser einlegen.

Checkliste
Fütterungsregeln

1 Regelmäßig morgens und abends füttern.

2 Immer abwechslungsreich und kombiniert füttern (→Tabelle, Seite 33).

3 Genügend frisches Heu und Trinkwasser zur Verfügung stellen.

4 Grün- und Saftfutter nur frisch und sauber verfüttern. Gemüse und Obst gut abwaschen, danach abtropfen lassen.

5 Was an Frischkost übrig bleibt, nach zwei Stunden entfernen, spätestens am nächsten Morgen.

6 Grünfutter in einem separaten Futternapf reichen.

7 Nie schimmeliges, welkes, stark mit Schadstoffen belastetes oder verschmutzes Futter geben. Nichts direkt aus dem Kühlschrank oder Gefrorenes füttern. Schokolade, Kekse und Kuchen sind verboten.

Zwergkaninchen züchten

Neu geborene Zwergkaninchen gehören zweifelsohne zu den niedlichsten Tierkindern, die es gibt. Doch sollten Sie nie Ihre Zwerge »drauflosvermehre«. Bei reinrassigen Zwergkaninchen gilt es, den Standard zu erhalten. Dies bedeutet, daß Sie sich über grundlegende Kenntnisse der Vererbungslehre informieren müssen. Wenn Sie später auch auf Ausstellungen gehen möchten, um Ihre Tiere zu zeigen und bewerten zu lassen, müssen Sie Mitglied in einem Kaninchenzüchterverein werden. Nur eingetragene Vereinsmitglieder dürfen an den Ausstellungen teilnehmen. Grundsätzlich sollten Sie für jedes Jungtier, gleich ob reinrassig oder Mischling, das sie nicht selbst behalten möchten, ein gutes Zuhause »in petto« haben.

Gezielte Familienplanung

✔ Beide Elterntiere sind gesund und haben keinerlei körperliche Fehlbildung, die weitervererbt werden könnte.

✔ Das ideale Zuchtalter liegt bei 8 Monaten bis 4 Jahre.

✔ Achten Sie bei der Verpaarung

darauf, daß beide Elterntiere entweder reinrassige Zwergkaninchen oder zumindest kleingebliebene Zwergmischlinge sind.

✔ Der Zimmerkäfig muß eine Grundfläche von mindestens 100 x 60 cm haben, damit das Wurfhäuschen hineinpaßt und der Nachwuchs später genügend Platz hat.

✔ Eventuelle Mitbewohner des Käfigs, wie andere Kaninchen oder Meerschweinchen, werden für die nächsten 3 bis 4 Monate in einen separaten Zimmerkäfig umquartiert. Die Häsin braucht jetzt Ruhe, sonst kann es passieren, daß sie die Jungen verwirft, also nicht ins Nest legt, sondern im Käfig verteilt.

Die Kaninchenhochzeit

Die Paarungsbereitschaft der Häsin nennt man beim Kaninchen Brunst oder Hitze. Wohnungskaninchen können das ganze Jahr über brünstig sein. Eine brünstige Häsin ist daran zu erkennen, daß sie beim Kraulen sogleich das Becken anhebt. Außerdem sind die Schamlippen leicht gerötet und angeschwollen. Manche Häsinnen sammeln Heu im Maul, als wollten Sie ein Nest bauen. Paarungsritual und Deckakt laufen am natürlichsten ab, wenn die beiden Kaninchen genügend Platz haben, um sich ohne Streß nahezukommen. Es ist besser die Häsin zum Rammler zu bringen. Im eigenen Revier könnte die Häsin den Rammler als Eindringling betrachten und ihn angreifen.

Der Deckakt selbst dauert nur wenige Sekunden. Die Häsin drückt sich hierzu flach auf den Boden und hebt ihre hintere Beckenpartie an. Dies erleichtert dem Rammler das Eindringen. Nach erfolgreichem Deckakt gleitet das Männchen meist mit einem kurzen Knurrlaut seitlich

Michael kuschelt gern mit seinem gelb-weißen Zwergkaninchen.

Fünf Wochen alt ist dieser schwarz-lohfarbene Zwerg.

von der Häsin und bleibt einige Sekunden erschöpft liegen. Nach 10 bis 12 Stunden wird der Eisprung ausgelöst und die Eier werden durch die Spermien befruchtet.

Die trächtige Häsin

Ob Ihr Kaninchen trächtig ist, erkennen Sie bereits am Verhalten der Häsin. Zu Mitbewohnern im Käfig verhält sie sich jetzt aggressiver und kann auch Ihnen gegenüber ein nervöses Verhalten zeigen. Außerdem scharrt sie eifrig in der Einstreu und durchwühlt sie. Dieses Verhalten ist jedoch normal.

Die Tragzeit beträgt vom Tag der Befruchtung bis zur Geburt im Durchschnitt 31 Tage (28 bis 33 sind möglich). Schreiben Sie sich den Decktag auf, dann können Sie den Geburtstermin in etwa errechnen.

Der Zimmerkäfig, in dem die Häsin lebt, darf während der Trächtigkeit keinesfalls umgestellt oder gar gewechselt werden. Sorgen Sie dafür, daß die Häsin nicht gestört wird und vermeiden Sie jegliches Hochnehmen und Herumtragen des Tieres. Zu lange Krallen müssen jetzt geschnitten werden, um einer späteren Verletzungsgefahr der Jungen vorzubeugen. Etwa eine Woche vor der Geburt säubert man nochmals gründlich den Käfig und gibt reichlich frisches Stroh und das Wurfhäuschen hinein. Das Häuschen sollte eine Fläche von 35 x 25 cm haben, 23 cm hoch sein und einen Boden sowie ein abnehmbares Dach haben. Der

Durchmesser des Einschlupflochs beträgt etwa 12 cm. Einige Tage vor dem Werfen, manchmal sogar erst am gleichen Tag, rupft sich die Häsin Bauchwolle aus und polstert damit das Nest aus. So liegen später die Jungen auf einer warmen Unterlage.

Die Geburt

Ein Zwergkaninchen bringt im Durchschnitt 3 bis 4 Junge zur Welt. Meist bekommt der Halter die Geburt der Kleinen gar nicht mit, denn Kaninchen bringen ihre Jungen sehr leise zur Welt. Unmittelbar nach der Geburt leckt die Häsin die hilflosen Kleinen sauber, durchtrennt die Nabelschnur und frißt die Nachgeburt, damit das Nest sauber bleibt. Bereits kurz nach

Kaninchen sind Nesthocker, die anfangs nicht in der Lage sind, ihr Nest zu verlassen.

der Geburt finden die Kleinen instinktiv die Zitzen der Mutter und trinken Milch.
Hinweis: Junge, die die Mutter aus welchen Gründen auch immer im Käfig verstreut abgelegt hat, sofort ins warme Nest zurücklegen.

So entwickeln sich die Jungen

Bei der Geburt sind Kaninchen völlig nackt, blind und taub. Neugeborene wiegen um die 25 g. Dicht aneinander gekuschelt liegen sie in ihrem warmen Nest aus Wolle und Stroh. Ein- bis zweimal am Tag kommt die Häsin, um Ihre

Jungen zu säugen. Nach jedem Füttern leckt sie den Bauch der Kleinen, um dadurch deren Darmtätigkeit anzuregen. Die Ausscheidungen frißt sie, damit das Nest sauber bleibt.

Am 5. Tag nach der Geburt bedecken bereits kurze, dichte, anliegende Haare die Haut der Jungen und lassen die spätere Fellfärbung erkennen.

Eine Woche nach der Geburt haben die kleinen Kaninchen ihr Gewicht verdoppelt. Zwischen dem 9. und 11. Tag öffnen die Zwerge Augen und Ohren, können sehen und hören. Die vorher geschlossenen nach hinten gelegten Öhrchen werden nun aufrecht getragen.

Zwei Wochen alte Kaninchen haben ein dichtes flauschiges Babyfell. Die Vorwitzigsten machen die ersten kleinen Ausflüge. Auch die ersten Putzversuche können Sie nun beobachten.

Mit 4 bis 5 Wochen bekommen die Kleinen spezielles Aufzuchtfutter, Haferflocken, erstes zartes Grün (sehr wenig!) und vor allem gutes Heu. Lassen Sie die Kleinen täglich frei im Zimmer laufen, damit sich Herz, Lunge und Muskeln kräftigen können. Locken Sie die Zwerge öfters einmal mit Leckerbissen (Petersilie) und streicheln Sie ihnen sanft über das Fell. So werden die jungen Kaninchen von Anfang an zahm und zutraulich. Setzen Sie die Kleinen zwischendurch immer wieder einmal in die Toilettenschale (→ Seite 25).

Ab 6 Wochen stellen sich Magen- und Darmtrakt auf feste Nahrung um, trotzdem trinken die Kleinen noch ab und zu bei der Häsin.

Mit 7 bis 8 Wochen sind die Kleinen in der Regel groß genug, um abgegeben zu werden.

Hinweis: Die jungen Kaninchen können bis zur 11. Woche mit ihrer Mutter im gleichen Käfig leben. Rammler müssen danach in einem separaten Käfig untergebracht werden.

TIP

Regelmäßige Nestkontrolle

Einige Stunden nach der Geburt sollten Sie nachschauen, ob alle Jungen gesund und unverletzt im Nest liegen. Dazu die Häsin mit einem Leckerbissen ablenken oder sie frei laufen lassen. Öffnen Sie den Deckel des Wurfhäuschens und schieben Sie vorsichtig Heu und Wolle beiseite. Eventuelle Nachgeburtsreste oder tote Kaninchen unbedingt aus dem Nest entfernen. Schauen Sie auch in den nächsten Tagen immer wieder einmal kurz nach, ob die Kleinen gut gesäugt werden und gesund aussehen.

Leider gibt es besonders in den Würfen von Rassezwergen manchmal sogenannte »Kümmerlinge«. Sie sind meist kleiner und schwächer als ihre Geschwister, fühlen sich kühler an und sehen alt und faltig aus. Solche Tiere überleben selten.

Häsin, Weißgrannen-Schwarz, mit ihrem vier Wochen alten Jungen.

VERHALTEN UND BESCHÄFTIGUNG

Zwar sind jedem Zwergkaninchen angeborene Verhaltensweisen zu eigen, doch jedes entwickelt darüber hinaus auch seine ganz invinduelle Persönlichkeit. Am besten entfalten kann sich Ihr Zwerg, wenn er täglich Auslauf bekommt und mit Artgenossen zusammenleben darf.

Verhaltensweisen, die Sie kennen sollten

Um Ihr Kaninchen besser zu verstehen, sollten Sie seine Körpersprache richtig deuten können:

»Männchenmachen«: So verschafft es sich einen besseren Überblick und kann an hoch hängende Zweige gelangen.

Sich wälzen: Dies ist ein deutliches Zeichen von Wohlbehagen.

Leichtes Anstupsen mit der Schnauze: So begrüßen sich Kaninchen untereinander. Stupst der Zwerg Sie leicht mit der Schnauze an, heißt dies: »Bitte streichle mich«.

Heftiges Wegstupsen der Hand: Das Kaninchen will jetzt nicht gestört werden.

Lecken mit der Zunge: Kaninchen, die sich mögen, putzen sich gegenseitig. Mann nennt dieses Verhalten auch Sozialpflege. Leckt der Zwerg Ihre Hand oder im Übereifer auch Ihren Pullover, heißt das: »Ich mag dich«.

Sich ducken: Das Kaninchen drückt sich dabei ganz flach auf den Boden. Die Ohren sind angelegt, der Kopf ist nach unten gedrückt. Dies ist eine Unterwüfigkeitsgeste gegenüber einem anderen Kaninchen. Auch Ihnen gegenüber kann ein unterwürfig ängstlicher Zwerg dieses Verhalten zeigen.

Entspanntes Hocken, Ohren angelegt: Das Tier ruht. Sie sollten es jetzt nicht stören.

Seitenlage: Die Beine sind dabei weggestreckt, die Augen schließen sich langsam. Das Kaninchen möchte schlafen.

Was ein Zwerg von sich hören läßt

Kaninchen sind von Natur aus sehr stille Tiere. Oft muß man genau hinhören, um einen Laut zu vernehmen.

Fiepen: Ein ängstlicher Klagelaut, den z. B. ein nestjunges Kaninchen von sich gibt, wenn es Kälte und Hunger verspürt.

Murksen: Kurze, schnell hintereinander folgende Schimpflaute. So »meckert« das Kaninchen z. B. wenn es gegen seinen Willen in den Käfig zurückgesetzt wird.

Brummen: Dieser Laut ist meist vom Rammler kurz nach dem Deckakt zu vernehmen.

Fauch - und Knurrlaut: Drückt Abwehr-und Aggression aus. Ein blitzschneller Angriff kann darauf folgen.

Kaninchen sind Fluchttiere. Erschrecken sie sich und können nicht flüchten, geraten sie in Panik.

Der ausgewachsene Rammler im Vordergrund begegnet einem Jungtier.

Kreischen: Dieser Laut ist dann zu vernehmen, wenn das Kaninchen Todesangst hat, beispielsweise, wenn es von einem Hund gepackt wird.
Zähneknirschen: Immer ein Zeichen von starken Schmerzen. Der Blick ist dabei matt und trüb. Das Tier verhält sich apathisch.

Leise mahlende Geräusche mit den Kiefern: Dies ist ein Ausdruck von Wohlbehagen und oft beim Kraulen zu hören.

Die »Duftwelt« des Kaninches

Kaninchen markieren ihr Revier und verständigen sich untereinander mit Hilfe von »Düften«, die in verschiedenen Drüsen produziert werden. Diese Duftstoffe nennt man in der Fachsprache auch »Pheromone«.

Der Duft der Leisten- und Analdrüsen gibt dem Rammler wichtige Informationen.

*Ausgiebig muß sich das Jungtier beriechen
lassen. Gehört es zur Familie?*

Die Kinndrüsen sitzen unter der Zunge. Über
Poren wird ihr Duft auf die Kinnunterseite
transportiert. Das Kaninchen markiert durch
Reiben des Kinns z. B. an einem Zweig oder in
der Wohnung an Käfigecken oder einem Stuhl-
bein sein Revier. Der Rammler reibt auch seine
»Auserwählte« damit ein.
Die Analdrüsen liegen zu beiden Seiten des
Darmendes. Mit ihrem Sekret überzieht das Ka-
ninchen seine Kotkügelchen, die ebenfalls das
Revier markieren.
Die Leistendrüsen befinden sich in den haarlo-
sen Hautfalten beiderseits der Geschlechtsöff-
nung. Bei der ersten Kontaktaufnahme können
Kaninchen am Duft dieser Drüsen ablesen, ob
der Artgenosse zur Familie gehört, ob sie ein
Männchen oder Weibchen vor sich haben und
ob die Häsin in Paarungsstimmung ist.

Das Hörvermögen

Die Ohrmuscheln sind wie längliche Schalltrich-
ter gebaut und können unabhängig voneinan-
der gedreht werden. Das Hörvermögen eines
Kaninchens ist sehr gut. Selbst empfindlichste
Geräusche werden registriert. Widderkaninchen
mit Hängeohren haben ein herabgesetztes Hör-
vermögen.
Was dies für den Umgang bedeutet:
✔ Ihr Zwerg ist in der Lage, sich Ihre Stimme
zu merken und wiederzuerkennen.
✔ Laute Geräusche wie Türenknallen. Laute
Musik oder Geschrei in seiner Nähe lösen
Furcht und Fluchtverhalten aus.

VERHALTEN
DOLMETSCHER

Wenn Sie die Kaninchensprache lernen möchten, müssen Sie die Verhaltensweisen Ihres Zwerges richtig deuten können.

 Dieses Verhalten zeigt mein Zwergkaninchen.

 Was drückt mein Zwergkaninchen damit aus?

 So reagiere ich richtig auf sein Verhalten!

Der Rammler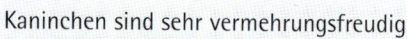
deckt die brünstige Häsin.

Kaninchen sind sehr vermehrungsfreudig.

Wenn Sie keinen Nachwuchs möchten, lassen Sie den Rammler rechtzeitig kastrieren.

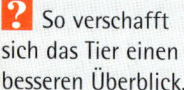 Das Kaninchen richtet sich auf und macht »Männchen«.

So verschafft sich das Tier einen besseren Überblick.

Im Käfig ein erhöhtes Sitzbrett anbringen oder ein Häuschen mit Flachdach anbieten.

Das Kaninchen duckt sich flach auf den Boden.

Der Zwerg hat Angst.

Langsam nähern und mit ruhiger Stimme ansprechen.

Das Kaninchen sucht immer Deckung.

Hier fühlt es sich sicher.

Stellen Sie ein Häuschen zum Zurückziehen in den Käfig.

☞ Kopf an Kopf drücken sich die Zwerge aneinander.

❓ Diese Tiere mögen sich.

❗ Kaninchen lieben es, zu kuscheln und gestreichelt zu werden.

☞ Das Kaninchen gräbt und buddelt.

❓ Wildkaninchen graben in der Natur ihren Bau.

❗ Dem Zwerg in der Wohnung eine Buddelkiste, gefüllt mit Katzenstreu, anbieten.

Ein Zwerg leckt dem anderen das Fell.

Soziale Körperpflege betreiben Kaninchen, sich sympathisch sind.

Leckt der Zwerg ihre Hand, mag er Sie.

Der Zwerg streckt alle Viere von sich. ☞

In dieser entspannten Haltung ❓ ruht er sich aus.

Das Kaninchen will jetzt ❗ nicht gestört werden.

☞ Der erwachsene Rammler besteigt ein aufsässiges Jungtier.

❓ Hier wird die Rangordnung geklärt.

❗ Greifen Sie in solch einem Fall keinesfalls ein.

TIP

Wenn das Kaninchen nicht zutraulich wird

Es kommt vor, daß ein Kaninchen auch nach Monaten immer noch ängstlich und scheu ist. Dies kann verschiedene Ursachen haben. Möglicherweise haben Sie ein Tier erworben, das eine angeborene Wildscheue ererbt hat. Vielleicht fehlte dem Kleinen menschliche Zuwendung während der wichtigen Sozialisierungsphase (4 bis 6 Wochen nach der Geburt). Es kann natürlich auch sein, daß das Tier schlechte Erfahrungen mit Menschen gemacht hat. Ein Zwerg mit angeborener Wildscheue wird meist niemals richtig zahm und zutraulich. Kaninchen, die nicht an Menschen gewöhnt sind oder deren Vertrauen enttäuscht wurde, folgendermaßen behandeln:

✔ Überprüfen Sie zunächst den Käfigstandort (→ Seite 18).
✔ Verkriecht sich der Zwerg oft in seinem Häuschen, entfernen Sie es für eine Weile.
✔ Stellen Sie den Käfig höher, damit das Tier einen besseren Überblick hat.
✔ Zwerge, die in Panik flüchten, sobald man sich ihnen nähert, bekommen vorerst keinen Freilauf. Beim gewaltsamen Einfangen bekämen sie einen weiteren Schock. Bieten Sie dem Tier stattdessen einen Großraumkäfig an (→ Seite 16).
✔ Füttern Sie Ihren Zwerg mit Leckerbissen aus der Hand. Er muß lernen, daß ihm die meschliche Hand nur Gutes bringt. Dabei vor dem Käfig in die Hocke gehen und leise auf das Tier einreden.

Das Sehvermögen

Alles, was sich in der Ferne tut, kann ein Kaninchen sehr gut ausmachen. In seiner unmittelbaren Nähe sieht es schlechter. Seine seitlich am Kopf sitzenden Augen ermöglichen ihm einen nahezu kompletten Rundumblick. So kann es Feinde schnell ausmachen. Sein Sehvermögen ist auch in der Dämmerung recht gut, grelles Sonnenlicht dagegen blendet es. Das Erkennen von Farben ist eingeschränkt. Ein Kaninchen kann lediglich zwischen Grün und Rot unterscheiden.

Was dies für den Umgang bedeutet:
✔ Stets langsam auf das Zwergkaninchen zugehen. Schnelles Herantreten löst reflexartig Flucht aus.
✔ Zur Begrüßung in die Hocke gehen.
✔ Nie plötzlich von oben nach dem Tier greifen. Für den Zwerg wäre das so, als habe ihn ein Greifvogel packt.
✔ Vorsicht beim täglichen Auslauf in der Wohnung. Da das Kaninchen im Nahbereich schlecht sieht, kann es Ihnen plötzlich zwischen die Beine laufen.

Das Riechvermögen

Am besten ist der Geruchssinn beim Kaninchen ausgebildet. Sein Näschen bewegt sich ständig auf und ab, um Witterung aufzunehmen. Am Geruch erkennt es Artgenossen und der Geruchssinn ist für das gesamte Sozial- und Sexualverhalten wichtig. Die Nasenschleimhaut ist sehr empfindlich.

Was dies für den Umgang bedeutet:
✔ Staubiges Heu, trockene Luft, scharfe Reinigungsmittel und Parfüm reizen die Nasenschleimhäute Ihres Zwerges.
✔ Riecht z.B. Ihre Hand anders als sonst (vielleicht haben Sie einenHund gestreichelt), kann es passieren, daß das Kaninchen beim Streicheln erschreckt zurückweicht.

Der Geschmackssinn

Das Kaninchen hat einen gut entwickelten
Geschmackssinn. Es kann zwischen süß, sauer,
bitter und salzig unterscheiden.

Was dies für den Umgang bedeutet:

✔ Kaninchen knabbern gerne an süßer Schokolade und Keksen. Doch davon bekommt es
schlimme Verdauungsprobleme.

✔ Hauskaninchen haben zum großen Teil die
geschmackliche Erkennung von Giftpflanzen
verloren. Verzichten Sie im Zimmer auf Pflanzen, die giftig sind.

Der Tastsinn

Mit Hilfe seiner Tasthaare, die beidseitig im
Mund-Nasenbereich, über den Augen und an

*Links ein fünf Wochen alter Thüringer Zwerg,
rechts ein holländerfarbiger, gelb-weiß.*

den Wangen sitzen, kann sich das Kaninchen
hervorragend orientieren.

Im Dunkeln ertastet es damit Hindernisse und
kann ermessen, ob ein Durchgang breit und
hoch genug für es ist.

Was dies für den Umgang bedeutet:

✔ Nie an den empfindlichen Tasthaaren ziehen
oder sie gar abschneiden.

Hinweis: Berührungsreize können auch über
die Körperhaut aufgenommen werden. Deshalb
kuscheln sich Kaninchen gerne aneinander und
lieben das sanfte Streicheln mit der Hand.

»Männchen machen«

Sich auf die Hinterläufe setzen und hochrecken können alle Kaninchen. Doch auf Kommando »Männchen machen« ist eine Trainingsaufgabe, bei der Ihr Zwerg begeistert mitmacht. Voraussetzung ist, daß Ihr Kaninchen bereits zutraulich ist. Verschieben Sie das Füttern stets ans Trainingsende, denn Hunger ist ein guter Anreiz zum Mitmachen. Halten Sie dem Zwerg einen Leckerbissen wie Petersilie oder Löwenzahn in Bodenhöhe hin. Fängt er an, daran zu knabbern, den Leckerbissen langsam hochheben. Das Kaninchen reckt sich danach und steht auf den Hinterläufen. Wiederholen Sie diese Übung regelmäßig. Manche Zwerge lernen es, sich auch dann hochzurecken, wenn man nur die Hand hebt oder mit den Fingern schnalzt.

Mit einem Leckerbissen wird der Zwerg zum »Männchen machen« animiert.

Talente fördern

Trotz Ihrer geringen Körpergröße können Zwergkaninchen ziemlich hoch springen. Fördern Sie dieses natürliche Talent, indem Sie für Ihren Zwerg Hürden im Zimmer aufstellen und ihn zum Darüberspringen animieren. Wieviel Spaß dies Kaninchen macht, sehen Sie im Foto auf Seite 6/7.

Die Hindernisse dürfen nicht höher sein als das Kaninchen (im Sitzen gemessen, nicht beim »Männchen machen«). Die Länge der Hürde sollte etwa 40 cm betragen. Bauen Sie die Hürde am besten an einer Wand auf, sonst kommt Ihr schlauer Zwerg schnell dahinter, daß man das Hindernis auch umlaufen kann. Kleine Hürden lassen sich z.B. aus Holzblöcken, Ziegelsteinen, schweren Büchern oder vollen Konservendosen bauen. Locken Sie das Kaninchen anfangs mit einem Leckerbissen über die Hürde. Den meisten Tieren gefällt das Springen so gut, daß sie später ganz von allein »jede Hürde nehmen«.

<u>Abwechslung im Freigehege:</u> Auch im Gartenfreigehege sollten Sie dem Zwergkaninchen Beschäftigungsmöglichkeiten bieten. Ein ausgehöhlter Baumstamm (im Zoofachhandel erhältlich) dient als Klettergerät und Schutzhöhle und zwei Ziegelsteine, an die schräg eine Dachpfanne gelehnt wird, bieten einen interessanten Aussichtsplatz und Unterschlupf.

Zwergkaninchen und Meerschweinchen klettern gern über diese Spielbrücke.

Der »Knabberbaum«

Um an die gesunden Leckerbissen zu kommen, muß sich das Kaninchen recken und strecken. Das hält fit und stärkt die Kondition. Wer gern bastelt kann den Knabberbaum für seinen Zwerg nachbauen.

✔ Die Bodenplatte besteht aus 12 mm dickem Sperrholz. Der Plattendurchmesser beträgt 40 cm.

✔ Als »Stamm« ein etwa ein 30 cm langes Vierkantholz oder ein Stück Baumstamm mit Rinde verwenden.

✔ In den »Stamm« werden in verschiedenen Höhen Ausbuchtungen und Löcher gebohrt. Dorthinein steckt man die Leckerbissen.

✔ Jetzt wird der »Stamm« unten an der Bodenplatte fest verschraubt. Die Konstruktion muß stabil sein und darf nicht wackeln, sonst benutzt das Zwergkaninchen den Knabberbaum nicht.

✔ Zum Schluß Leckerbissen wie Petersilie, frische Zweige, Möhren oder Löwenzahn in die verschiedenen Öffnungen stecken.

An diesem Knabberbaum gibt es nur gesunde Köstlichkeiten.

Gestalten Sie Ihrem Zwergkaninchen eine Spiellandschaft im Zimmer.

Eine »Spielwiese« für Kaninchen

Der tägliche Freilauf im Zimmer wird besonders interessant, wenn Sie Ihrem Zwergkaninchen eine Spiellandschaft gestalten. Aus großen Pappkartons, in die Sie Öffnungen schneiden, werden wunderbare »Höhlen« zum Hinein- und Herauskriechen. Eine flache Holzkiste, gefüllt mit ungefärbtem Küchen- oder Toilettenpapier wird zur Kuschel- und Wühlkiste. Die Katzentoilette, mit Katzenstreu gefüllt, lädt zum Scharren und Buddeln ein. Selbstgebastelte »Brücken« aus Holzbrettern und -leisten schaffen Verbindungen zu den einzelnen Gegenständen. So kann das Kaninchen hinauf- und hinunterlaufen. Achten Sie aber bitte darauf, daß alles fest und sicher steht. »Wackelige Angelegenheiten« benutzt das Kaninchen nur einmal und dann nie wieder. Auch die auf Seite 48 abgebildete Spielbrücke ist leicht nachzubauen. Sie besteht aus 10 mm dickem Sperrholz, ist 75 cm breit, 22 cm hoch und 22 cm tief. Für die Sprossen wurden Tapetenleisten verwendet. Zum Anmalen benutzen Sie am besten ungiftige Naturharz-Holzlasur (z. B. Leinos Naturharz-Holzlasur aus dem Naturbaumarkt).

GESUNDHEITSVORSORGE UND KRANKHEITEN

Kaninchen sind von Natur aus wenig krank-heitsanfällig. Damit Ihr Zwerg gesund bleibt, ist es wichtig, ihn abwechslungs-reich zu füttern, seinen Käfig sauber zu halten, ihm genügend Bewegung zu ver-schaffen und ihm Zuwendung zu geben.

Verhaltensveränderungen, die auffallen

Viele Krankheiten, die beim Kaninchen auftre-ten, werden durch Haltungsfehler verursacht. Feuchte Einstreu, verschmutze Käfige, verdor-benes Futter, nicht artgemäße Ernährungsweise und Unterbringung sowie Bewegungsmangel oder zuviel Streß schwächen das Immunsystem des Tieres und machen es anfällig für Erkran-kungen. Wichtig für eine erfolgreiche Behand-lung ist es, möglichst früh Krankheitszeichen zu entdecken.

Folgende Verhaltensveränderungen fallen sofort auf, wenn Sie Ihr Zwergkaninchen genau ken-nen und aufmerksam beobachten.

✔ Das Kaninchen kommt nicht wie üblich her-beigehoppelt, wenn Sie ihm Futter reichen.

✔ Es hat keinen gesunden Appetit und frißt nur sehr wenig bis gar nicht.

✔ Das Tier sitzt teilnahmslos in seinem Käfig oder hat sich gänzlich in sein Häuschen zurück-gezogen.

Dieser Thüringer Zwerg leckt sich seine schneenassen Pfoten.

✔ Die Ohren richten sich nicht wie üblich nach der Geräuschquelle aus. Sie sind nur halb auf-gerichtet oder ganz zurück in den Nacken ge-legt.

✔ Bei starken Schmerzen ist der Blick des Ka-ninchens starr und es knirscht vor Schmerzen mit den Zähnen (sogenanntes »Karwitzen«). Bei lauter Geräuschkulisse kann man das Knirschen jedoch leicht überhören.

Sobald Sie solch eine Verhaltensveränderung bemerken, sollten Sie sofort einen Tierarzt zu Rate ziehen.

Hinweis: Es gibt noch einige weitere Krank-heitsanzeichen, die ich Ihnen in der Checkliste »Kankheitsanzeichen« auf Seite 53 zusammen-gestellt habe.

Ansteckende Infektionskrankheiten

Vor allem, wenn Sie mehrere Kaninchen halten, sollten Sie über die folgenden Krankheiten Be-scheid wissen. Schon ganze Kaninchenkolonien sind diesen Erkrankungen zum Opfer gefallen.

RHD (Rabbit haemorrhagic disease): Diese hochansteckende Viruserkrankung hat sich von China ausgehend über ganz Europa verbreitet. Wild- und Hauskaninchen werden gleicher-maßen davon befallen. Die Symptome der Er-

Gerade fünf Wochen alt ist dieses Hermelin-kaninchen. Grünzeug kann es schon fressen.

krankung sind beispielsweise: Apathie, Atembe-schwerden, Blutungen aus den Nasenöffnungen und schließlich rasches Verenden unter Er-stickungskrämpfen. Bisher gibt es keinerlei Be-handlungsmöglichkeiten gegen diese tödlich verlaufende Krankheit. Vorbeugend können Sie Ihr Kaninchen impfen lassen. Die Schutzimp-fung muß allerdings jährlich aufgefrischt wer-den.

Myxomatose: Diese sehr gefährliche Kanin-chenseuche wird durch blutsaugende Insekten übertragen. Die Krankheit beginnt meist mit ei-ner eitrigen Lidbindehautentzündung sowie Schwellungen im Kopfbereich (sogenannter »Löwenkopf«) und um die Genitalien. Die Tiere sterben nach wenigen Tagen. Ist die Krankheit einmal ausgebrochen, gibt es keine Behand-lungsmöglichkeiten. Wenn Sie Ihr Zwergkanin-

chen draußen auf dem Balkon oder im Garten halten und es in Ihrem Umkreis Myxomatose-fälle bei Wild- oder Hauskaninchen gegeben hat (beim Veterinäramt zu erfahren), sollten Sie Ihr Zwergkaninchen umgehend gegen Myxoma-tose impfen lassen.

Gesundheitsstörungen

Grundsätzlich sollten Sie immer sofort mit Ihrem Zwergkaninchen zum Tierarzt gehen, wenn Ihnen etwas Ungewöhnliches an dem Tier auffällt. Lediglich leichter Durchfall und Ver-stopfung können Sie zunächst selbst behan-deln. Tritt jedoch innerhalb 24 Stunden keine

Besserung ein, bleibt Ihnen der Gang zum Tierarzt nicht erspart. Erkrankungen des Verdau-
ungstraktes werden beim Kaninchen meist
durch falsche Ernährung verursacht.

Leichter Durchfall: Der Kot ist weich und breiig,
das Fell des Kaninchens um den After herum
verschmutzt. Ansonsten zeigt das Tier keine
Verhaltensauffälligkeiten.

Nicht nur die Ernährung, sondern auch Kälte,
Zugluft und Streß können auslösende Faktoren
für Durchfall sein. Prüfen Sie den Standort des
Käfigs und die Haltungsbedingungen!
Säubern Sie vorsorglich den Käfig, entfernen
Sie Futterreste und geben Sie frisches Stroh
hinein. Alles Grün- und Saftfutter wird sofort
entzogen. Das Zwergkaninchen bekommt lediglich gutes Heu und statt Wasser lauwarmen Kamillentee in der Nippeltränke angeboten. Gut
gegen Durchfall sind auch Zweige von Eiche
und Weide (heilende Gerbstoffe).
Bessert sich der Durchfall innerhalb 24 Stunden, sollten Sie trotzdem nicht sofort wieder
Grünfutter reichen. Füttern Sie einige Tage lang
nur Heu, Wasser und gutes Trockenfutter (Pel-
lets). Hält der Durchfall auch nach zwei Tagen
noch an, müssen Sie mit dem Kaninchen zum
Tierarzt. Für die Diagnose ist es wichtig, eine
Kotprobe mitzunehmen.

Achtung: Ist der Kot sehr dünnflüssig und
riecht unangenehm, ist der Kot eventuell sogar
mit Blut vermischt, der Leib des Kaninchens
stark aufgetrieben, der Atem flach und bebend,
trommelt das Tier gar mit den Hinterläufen auf
den Boden, dann müssen Sie sofort zum Tierarzt oder in die nächstgelegene Tierklinik. Es
besteht akute Lebensgefahr!

Kotabsatzbeschwerden: Dies fällt leider erst auf,
wenn das Kaninchen mit gekrümmten Rücken
im Käfig hockt und trotz Pressens nur wenige,
meist harte kleine Kotkügelchen absetzt. Das
Tier zeigt auch keinen Appetit mehr. Beim Be-

Checkliste
Krankheitsanzeichen

1 Augen: Sie haben ihren lebhaften Glanz verloren, wirken matt und trüb.

2 Fell: Es sieht stumpf aus und die Haare sträuben sich vom Körper weg.

3 Der Kot: Beim gesunden Kaninchen besteht er aus gut geformten Kügelchen. Seine Farbe ist schwarzbraun bis grünlichbraun (Ausnahme: Blinddarmkot → Seite 59). Breiige dünnflüssige Fladen zeigen Durchfall an.

4 Der Urin: Die Farbe des Urins kann beim Kaninchen von Weißlichgelb bis Braunrot schwanken. Braunroter Urin ist jedoch kein Krankheitsanzeichen. Die Farbe wird vom Futter beeinflußt. Frißt Ihr Zwerg z.B. mit Vorliebe Karotten und Grünzeug, kommt es zur intensiven Färbung des Urins.

5 Die Körpertemperatur: Sie beträgt beim gesunden Kaninchen 38,5 bis 39,5 °C. Sowohl Untertemperatur als auch Fieber sind Krankheitsanzeichen (→ Fiebermessen, Seite 58).

tasten des hinteren Bauches fühlt man den mit Kotmassen angefüllten Dickdarm als wulstigen Strang.

Kontrollieren Sie als erstes, ob die Nippeltränke verstopft ist und das Kaninchen nicht genügend Wasser bekommt. Entfernen Sie alles Trockenfutter und lassen Sie das Kaninchen frei laufen, wenn es mag. Bewegung kann helfen. Füttern Sie in den nächsten Tagen nur leichtverdauliche Grünkost wie Feldsalat, Löwenzahnblätter oder Fenchel.

Als Sofortmaßnahme flößen sie dem Tier dreimal täglich 1 Teelöffel Lein- oder Paraffinöl (aus der Apotheke) ein. Massieren Sie mit den Fingern und sanft kreisenden Bewegungen den Bauch des Kaninchens.

Spätestens nach 24 Stunden muß sich eine deutliche Besserung.eingestellt haben, sonst müssen Sie umgehend mit dem Zwerg einen Tierarzt aufsuchen.

Achtung: Ist der Bauch stark aufgetrieben und bei Berührung schmerzempfindlich, gehen Sie sofort zum Tierarzt!

Erste Hilfe im Notfall

Es gibt Situationen, in denen schnelle Hilfe das Leben des Kaninchens retten kann.

Hitzschlag: Wenn sich der Zwerg an heißen Sommertagen nicht in den Schatten zurückziehen kann, ist ein Hitzschlag vorprogrammiert. Oft hat der Halter dann nicht bedacht, daß die Sonne wandert und der Käfig oder das Freigehege plötzlich in der prallen Sonne steht. Auch beim Transport in einem überhitzen Auto kann das hitzeempfindliche Kaninchen einen Hitzschlag bekommen.

Die Symptome sind eindeutig: Der Zwerg liegt teilnahmslos in der Ecke, atmet flach mit bebendem Körper, die Nasenflügel sind weit aufgerissen und die Schleimhäute bläulich verfärbt.

Bringen Sie das Tier umgehend in einen kühlen Raum. Versuchen Sie die Körpertemperatur des Kaninchens abzusenken, indem Sie ihm ein feuchtes, kühles Tuch über Kopf und Körper legen (jedoch kein eiskaltes Wasser verwenden!). Um den Kreislauf zu stützen, flößt man dem Tier 1 Teelöffel Bohnenkaffee ein. Bessert sich

Neugierig beschnüffelt das Zwergwidderchen das ältere Chinchilla-Zwergkaninchen.

das Befinden des Tieres, lassen Sie es an einem schattigen, kühlen Ort frei laufen.

Angstschock: Im Wartezimmer eines Tierarztes konnte ich einmal ein Kaninchen beobachten, daß in absolute Panik geriet.

Seine Besitzerin hatte es in einem – oben offenen - Einkaufskorb aus Weidengeflecht transportiert. Als plötzlich ein großer Hund mit seinem Herrchen eintrat und am Korb schnüffelte, sprang der Zwerg laut kreischend in einem mächtigen Satz aus dem Korb und versuchte im Zimmer Deckung zu finden. Vergebens. In seiner Not drückte sich das Tier flach auf den Boden und verharrte regungslos wie »vor Angst gelähmt«. Seine Augen schienen aus dem Kopf zu quellen und sein kleiner Körper bebte.

Das Kaninchen hatte Todesangst, denn der Hund ist in der Regel sein natürlicher Feind. Sehr leicht kann in solch einer Situation das Herz des Kaninchens einfach stehen bleiben. Es stirbt vor Schreck.

Je nachdem wie scheu und schreckhaft ein Zwergkaninchen ist, kann es bereits das ungewohnte Geräusch eines Staubsaugers oder ein tieffliegender Düsenjäger in Panik versetzen und zu einem Angstschock führen.

Nähern Sie sich in diesem Fall dem verstörten Tier langsam und sprechen Sie es dabei mit ruhiger Stimme an. Ergreifen Sie den Zwerg schnell und sicher am losen Rückenfell hinter den Ohren. Setzen Sie ihn umgehend in einen abgedunkelten Behälter, am besten eine Transportbox (→ Foto, Seite 30).

Sorgen Sie für eine Raumtemperatur von 24 °C und absolute Ruhe.

Hinweis: Als Medizin kann bei akutem Angstschock eine Bachblütenmischung (Rescue Remedy), auch Notfalltropfen genannt, helfen. Von der Essenz 2 Tropfen auf 1 TL Wasser, alle 20 Minuten seitlich ins Maul einflößen. Weiterhin aus der Homöopathie – Arnika C 30, aller-

TIP

Das alte Kaninchen

Bei guter Pflege kann ein Zwergkaninchen bis zu 10 Jahre alt werden. Aber auch mit fünf Jahren gehört es schon zu den Senioren. Mit dem Älterwerden wird das Tier ruhiger. Es springt nicht mehr so hoch und schlägt nur noch selten Haken in der Luft. Oft bleibt das Zwergkaninchen jetzt lieber in seinem Käfig, selbst wenn die Käfigtür den ganzen Tag über offen steht. Pflege und Ernährung des Zwergkaninchens bleiben auch bei alten Tieren gleich. Lediglich im Umgang mit ihm sollte man nun darauf verzichten, den Zwerg über die Maßen zu beanspruchen wie etwa zum Überspringen von Hindernissen zu animieren. Ausgiebiges Streicheln dagegen mag er jetzt mehr denn je.

dings nur einmalig 2 Tropfen auf 1 TL Wasser. Leichter geht es, wenn Sie die Medizin mit Hilfe einer Einwegspritze (ohne Kanüle) oder Pipette eingeben (beides in der Apotheke erhältlich). Bitte beachten Sie auch die Hinweise für Bachblütenmischungen auf Seite 58.

Gebißfehlstellung

Hat das Zwergkaninchen eine gesunde normale Zahnstellung, dann greifen die Schneidezähne des Oberkiefers über die Zähne des Unterkiefers. Beim Nagen und Kauen reiben sich die stets nachwachsenden Zähne auf natürliche Weise ab (→ Zeichnung, Seite 31).

Bei einer erblich bedingten Gebißfehlstellung (Zahnanomalie), ist der Oberkiefer verkürzt. Die Zähne können sich nicht mehr abschleifen und wachsen schließlich so lang, daß das Kaninchen nicht mehr fressen kann. In diesem Fall muß der Tierarzt die Zähne im Abstand von 6 bis 8 Wochen kürzen, sonst verhungert der Zwerg. Eine Gebißfehlstellung kommt beim Kaninchen häufiger vor. Da diese Anomalie vererbt wird, nehmen verantwortungsbewußte Züchter solche Tiere sofort aus der Zucht.

Probleme mit den Backenzähnen können ein Kaninchen ebenfalls beim Fressen behindern. Sie erkennen dies daran, daß die Haare um das Maul des Tieres durch herausfließenden Speichel verklebt sind und es »leer« kaut. Schuld daran sind Spitzen und Haken, die sich an den Backenzähnen gebildet haben. Sie dringen in die Zungen- bzw. Backschleimhaut ein und können dort schwere Entzündungen verursachen. Suchen Sie gegebenenfalls unverzüglich einen Tierarzt mit dem Kaninchen auf.

Der richtige Tierarzt

Erkundigen Sie sich beim Züchter, Zoofachhändler oder anderen Kaninchenhaltern nach einem Fachtierarzt für Kleintiere.

Da Kaninchen besonders gut auf Naturheilverfahren ansprechen, ist es von Vorteil, wenn der Tierarzt auch Kenntnisse in diesem Bereich der Medizin besitzt und diese Verfahren anwendet. Eventuell kommt auch ein Tierheilpraktiker in Frage.

Was für den Tierarzt wichtig ist: Für die richtige Diagnose braucht der Tierarzt Informationen über Ihr Zwergkaninchen. Beispielsweise sollten Sie auf diese Fragen vorbereitet sein:
Wie alt ist das Tier und welches Geschlecht hat es? Wo haben Sie Ihren Zwerg erworben und seit wann pflegen Sie ihn? Welche Verhaltensveränderungen sind Ihnen an dem Tier aufgefallen? Hat es gefressen und getrunken? Wie sehen Kot und Urin aus? Am besten nehmen Sie ein Probe mit zum Tierarzt.

Ein gesundes Zwergkaninchen putzt sich mehrmals am Tag ausgiebig das Fell.

Wenn das Kaninchen todkrank ist

Manchmal leidet ein Zwerg unter einer unheilbaren Krankheit und hat starke Schmerzen. In diesem Fall sollten Sie zusammen mit dem Tierarzt entscheiden, ob Sie das Tier einschläfern lassen. Es wäre falschverstandene Tierliebe, es weiter leiden zu lassen. Versuchen Sie Ihrem Kind zu erklären, warum es Abschied von seinem geliebten Spielkameraden nehmen muß. Ursache für einen natürlichen Tod bei älteren Zwergkaninchen ist oftmals Herzversagen.

Sie können Ihr totes Zwergkaninchen in der Tierkörperbeseitigungsanstalt abgeben, wo es verbrannt wird. Laut Gesetz ist es auch erlaubt, ein Kaninchen im Garten unter einer mindestens 50 cm hohen Erdschicht zu begraben.

Kaninchen probieren alles. Deshalb giftige Zimmer- und Gartenpflanzen absichern.

Patient Zwergkaninchen

Wenn Ihr Kaninchen einmal krank ist, sollten Sie auf seine Pflege besonders viel Sorgfalt verwenden.

✔ Befolgen Sie grundsätzlich genau alle Anweisungen des Tierarztes.

✔ Halten Sie den kranken Zwerg getrennt von anderen Kaninchen in einem separaten Käfig und stellen Sie den Käfig, falls nötig, in einen anderen Raum. Diese Vorsichtsmaßnahme sollten Sie auch dann anwenden, wenn Sie Ihren Zwergen einen neuen Artgenossen dazugesellen möchten.

✔ Waschen Sie sich vor und nach der Pflege gründlich die Hände, gegebenenfalls Hände desinfizieren.

✔ Sorgen Sie dafür, daß der Käfig sauber ist und wechseln Sie bei ansteckenden Krankheiten häufig die Einstreu: Käfig und Zubehör müssen desinfiziert werden (erkundigen Sie sich beim Tierarzt).

✔ Sorgen Sie in der Nähe des kranken Tieres für Ruhe.

✔ Temperaturschwankungen und Zugluft schwächen das Immunsystem des Tieres weiter. Vermeiden Sie diese Risikofaktoren.

✔ Bei Durchfall oder Verstopfung braucht das Kaninchen eine leichte Kost. Manchmal muß es auch fasten.

Hausapotheke für Kaninchen

Bei leichtem Durchfall: Kamillentee (Beutel nur aus der Apotheke) aufbrühen; abgekühlt statt Wasser reichen. Dazu nur Heu, kein anderes Futter.

Schürf- oder Bißwunden: Fell um die Wunde herum abschneiden, mit verdünnter Calendula-Essenz abtupfen.

Blutende Kralle: Mit Papiertaschentuch abtupfen und mit Pflasterspray »versiegeln«.

Bindehautentzündung: Die Augen mit verdünnter Calendula-Essenz abtupfen. In jedes Auge 3 x täglich Euphrasia Augentropfen Bei eitrigem Ausfluß verbunden mit Nasenausfluß sofort zum Tierarzt.

Multivitamintropfen: Der trächtigen und säugenden Häsin und bei Vitaminmangel dem Trinkwasser beigeben. Die Tropfen sind im Zoofachhandel oder beim Tierarzt erhältlich.

Rescue (Bachblüten): Als Soforthilfe bei Schock, Unfall, vor und nach Operationen/Narkose. 2 bis 4 Tropfen in 1 TL stillem Wasser lösen. Mit Einwegspritze (ohne Kanüle) langsam seitlich ins Maul spritzen.

Arnika C 30 (homöopathisches Mittel): Vor und nach Operationen, Schock, Unfall. 2 Tropfen oder Globuli (zerdrückt) in 1 TL Wasser aufgelöst. Bei Narkosen die Arznei 1 x vorher und 1 x hinterher verabreichen.

Euphagol oder Freka-Nol: Zur Desinfektion von Käfig und Zubehör, falls vom Tierarzt nicht etwas anderes empfohlen wird.

✔ Im Krankheitsfall kann das Kaninchen Sie vor Schmerzen beißen. Sehen Sie dies dem Tier nach.

Augen auswischen

Manchmal gerät dem Zwerg ein Fellhaar ins Auge, um das sich ein schleimiger Pfropfen bildet. Massieren Sie diesen behutsam mit dem Finger über das Oberlid in Richtung Augeninnenwinkel.

Mit einem Kosmetiktuch Augenwinkel auswischen und den Pfropfen entfernen.

Fiebermessen

Am besten mißt man beim Kaninchen Fieber zu zweit. Setzen Sie das Tier auf eine rutschfeste Unterlage. Eine Person fixiert den Vorderkörper des Zwerges fest zwischen beiden Händen, die andere hebt das Schwänzchen leicht an. Das Digitalthermometer wird vorher mit Vaseline eingerieben und leicht schräg nach oben, etwa 3 bis 4 cm, in den After geschoben. Befeuchten Sie zuvor das Fell am Hinterteil des Zwerges, damit Sie die Afteröffnung gut erkennen.

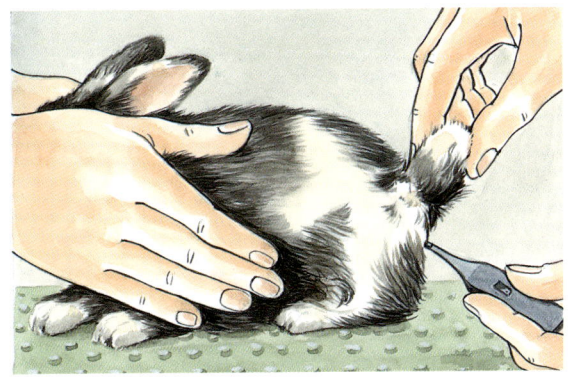

Für den Zwerg ist das Fiebermessen unangenehm. Halten Sie ihn gut fest, damit er nicht vom Tisch springt.

Medikament eingeben

Tropfen gibt man dem Zwerg mit Hilfe einer Einwegspritze (ohne Kanüle). Dazu das Kaninchen wie abgebildet festhalten und seitlich hinter die Nagezähne spritzen. Kolben langsam herunterdrücken, damit sich das Tier nicht verschluckt.

Flüssige Medikamente mit Hilfe einer Einwegspritze (ohne Kanüle) verabreichen.

Blinddarmkot

Das Kaninchen bildet im Blinddarm den sogenannten Blinddarmkot, der lebenswichtige Vitamine und Roheiweiß enthält. Im Gegensatz zum normalen Kot, der aus einzelnen festen und trockenen Kügelchen besteht, ist der Blinddarmkot weich, feucht glänzend und traubenförmig zusammengedrückt. Manchmal findet man ihn in der Einstreu. Meist nimmt aber das Kaninchen diese »Vitaminpillen« direkt vom After her auf. Dieses Kotfressen ist keine abnorme Verhaltensweise, sondern lebensnotwendig für das Kaninchen.

Über den Blinddarmkot nimmt das Kaninchen wichtige Vitamine und Eiweiß auf.

Die halbfett gesetzen Seitenzahlen verweisen auf Farbfotos und Zeichnungen.

Zur gründlichen Kaninchenwäsche gehört
auch das Putzen der Hinterläufe.

Adressen

ZDK Zentralverband
Deutscher Kaninchen-
züchter e. V. ,
Krefelder Str. 130
D-41063 Mönchenglad-
bach.

RÖK Rassezuchtverband
Österreichischer
Kleintierzüchter, Ge-
schäftsstelle:
Dr. Lueger-Ring 14/2,
A-1010 Wien.

Schweizerischer Rasse-
kaninchenzucht-Ver-
band, Weißenbühlweg
43, CH-3007 Bern.

Fragen zur Kanin-
chenhaltung beant-
worten auch

Ihr Zoofachhändler und
der Zentralverband
Zoologischer Fachbe-
triebe Deutschland e. V.,
D-63225 Langen,
Tel. 0 61 03/91 07 32
(nur telefonische Aus-
kunft möglich)

Bücher, die weiter-
helfen

(falls nicht im Buchhan-
del, dann in Bibliothe-
ken erhältlich)

Leicht, Walter: Tiere der
offenen Kulturland-
schaft Teil 1 – Feldhase
und Kaninchen. Quelle
& Meyer Verlag, Heidel-
berg.

• Matthes, Siegfried:
Kaninchenkrankheiten -
Leitfaden zur Erken-
nung und Bekämpfung.

Verlagshaus Oertel &
Spörer, Reutlingen.

• Scheffer, Mechthild:
Seelische Gesundheits-
vorsorge für unsere
Haustiere. Bachblüten-
center, Hamburg.

• Schley, Peter: Kanin-
chen . Tierzuchtbüch-
erei. Ulmer Verlag,
Stuttgart.

• Wegler, Monika: Ka-
ninchen richtig pflegen
und verstehen. Gräfe
und Unzer Verlag, Mün-
chen.

• Wegler Monika: Reihe
»Mein Heimtier«. Das
Zwergkaninchen. Gräfe
und Unzer Verlag, Mün-
chen.

Zeitschriften

Wer ein Kaninchen kau-
fen möchte, sollte ins
Blaue oder ins Grüne
Jahrbuch schauen. Hier
findet er alle Adressen
der einzelnen Verbände.

• Das Blaue Jahrbuch.
Hrsg.: Oertel & Spörer,
Burgstr. 1-7, D-72764
Reutlingen.

• Das Grüne Jahrbuch.
Ein Taschenbuch für
den Kleintierzüchter.
Herrsg.: Rassezuchtver-
band Österreichischer
Kleintierzüchter.
A-1010 Wien.

• Kaninchen. Zeitschrift
für den Kaninchen-
freund.

Hrsg.: Deutscher Bauernverlag GmbH, Brunnenstr. 128, D-13355 Berlin.

• Deutscher Kleintier-Züchter, Ausgabe Kaninchen. Hrsg.: Verlagshaus Oertel & Spörer, Burgstr. 1-7, D-72764 Reutlingen.

Autorin und Fotografin

Monika Wegler verfügt über eine langjährige Erfahrung in der Haltung und Aufzucht von Kaninchen. Bisher sind von ihr mehr als 20 Heimtierbücher in vielen Sprachen erschienen, die sie teilweise geschrieben und fotografiert oder als Fotografin bebildert hat. Ihre Tierliebe gilt neben den Kaninchen besonders Katzen und Hunden.

Die Zeichnerin

Renate Holzner arbeitet als freie Illustratorin. Ihr breites Repertoire reicht von Strichzeichnungen über fotorealistische Illustrationen bis hin zur Computergrafik.

Fotos: Buchumschlag und Innenteil

Umschlagvorderseite: Gelb-weißes Zwergkaninchen (großes Foto), Jamora-Kaninchen (kleines Foto).

Umschlagrückseite: Zwergkaninchen mit der Fellzeichnung »Braunmarder«.
Seite 1: Christian mit seinem Zwergkaninchen, Thüringerfarben mit Weiß.
Seite 2/3: Rauhhaardackel-Mischling mit einem blau-weißen Zwergkaninchen.
Seite 4/5: Fünf Wochen altes blau-weißes Zwergkaninchen.
Seite 6/7: Über Hürden springen macht Kaninchen großen Spaß.
Seite 64: Der ausgewachsene Rammler beriecht die Analregion des Jungtiers.

Wichtige Hinweise

In diesem Buch geht es um die Haltung und Pflege von Zwergkaninchen. Im Umgang mit diesen Tieren kann es zu Verletzungen durch Kratzen und Beißen kommen. Lassen Sie solche Verletzungen sofort vom Arzt versorgen. Zum natürlichen Verhalten der Zwergkaninchen gehört das Nagen. Zwergkaninchen müssen deshalb beim (notwendigen regelmäßigen) Auslauf in der Wohnung unbedingt beaufsichtig werden. Um lebensgefährliche Stromunfälle zu verhindern, achten Sie vor allem darauf, daß Ihr Zwergkaninchen keine elektrischen Leitungen benagt.
Es gibt Menschen, die allergisch auf Kaninchenhaare reagieren. Fragen Sie im Zweifelsfall vor der Anschaffung Ihren Arzt.
Die Augen des Zwergkaninchens sind weniger auf das Sehen in der Nähe als auf Weitsehen eingestellt. Es kann deshalb passieren, daß Ihnen das Tier wegen der ungenügenden Nahsicht regelmäßig zwischen die Beine läuft und Sie zu Fall bringt.

An unsere Leserinnen und Leser

Wir freuen uns, Ihre Meinung zu diesem Tier-Ratgeber zu erfahren. Bitte schreiben Sie uns, wenn Sie Berichtigungen und Ergänzungsvorschläge haben oder wenn Ihnen etwas besonders gut gefällt.

Gräfe und Unzer Verlag
Redaktion Natur
Stichwort: TierRatgeber
Postfach 86 03 66
D-81630 München

Impressum

© 1997 Gräfe und Unzer Verlag GmbH, München. Alle Rechte vorbehalten. Nachdruck, auch auszugsweise, sowie Verbreitung durch Bild, Funk und Fernsehen, durch fotomechanische Wiedergabe, Tonträger und Datenverarbeitungssysteme jeder Art nur mit schriftlicher Genehmigung des Verlages.

Redaktion: Gabriele Linke-Grün, Anita Zellner
Umschlaggestaltung und Layout: Heinz Kraxenberger
Zeichnungen: Renate Holzner
Herstellung: Heide Blut/ Susanne Mühldorfer
Satz: Heide Blut
Reproduktion: Fotolito Longo
Druck und Bindung: Stürtz

ISBN   3-7742-3141-9

Auflage 4. 3. 2. 1.
Jahr   2000 99 98 97

1 Kann ich mein Zwergkaninchen das ganze Jahr über draußen im Garten halten, auch bei Minustemperaturen?

Ja, wenn es ab Frühsommer daran gewöhnt wird und im Winter einen gut isolierten Stall zur Verfügung hat.

2 Ab welchem Alter muß man Männchen und Weibchen voneinander trennen, um unerwünschten Nachwuchs zu vermeiden?

Zwerge sind ab dem 3. Monat geschlechtsreif und sollten spätestens ab dem 4. Monat getrennt bzw. der Rammler kastriert werden.

3 Braucht mein Kaninchen auch dann Wasser zum Trinken, wenn es genug Saftfutter bekommt?

Wasser muß immer zur Verfügung stehen, wobei das Flüssigkeitsbedürfnis individuell sehr unterrschiedlich ist.

4 Wann ist mein Kind reif genug, um ihm ein Zwergkaninchen zu schenken?

Etwa ab 6 Jahre kann ein Kind zum richtigen Umgang mit dem Tier angeleitet werden.

5 Ab wann ist ein junges Zwergkaninchen von der Mutter entwöhnt?

Frühestens ab der 6. Lebenswoche kann es sich vollkommen selbständig ernähren.

Die Expertin gibt Antwort auf die 10 häufigsten Fragen zur Zwergkaninchen-Haltung.